资历框架的国际比较研究

ZILI KUANGJIA DE GUOJI BIJIAO YANJIU

谢青松　杜沙沙◎著

重庆大学出版社

内容提要

建立资历框架是推动终身教育现代化的基础性制度,既是为了满足更加开放灵活的终身学习需求,也是实现国际人才标准对接、扩大我国教育国际影响、实现人才的国际交流、推动教育国际化的基础性制度。本书基于国际视野,立足中国创新,扎根本土需求,通过综合比较研究,讨论了国际资历框架发展的现状与趋势,以美国、巴基斯坦、南亚等国家和地区为案例,探讨了资历框架的具体建设与实施举措;以 7 个区域资历框架为主线,探讨了资历框架的区域对接;以职业教育为主题,探讨了职业教育与培训资历框架的国际发展。本书也讨论了终身教育资历框架下的质量保证机制、基于区块链技术的数字证书认证、国际参照等级等,希望对构建国际领先和中国特色的现代终身教育体系以及进行相关的学术研究有所启示。

图书在版编目(CIP)数据

资历框架的国际比较研究 / 谢青松,杜沙沙著. --
重庆:重庆大学出版社,2020.8
ISBN 978-7-5689-2159-6

Ⅰ.①资… Ⅱ.①谢… ②杜… Ⅲ.①教育制度—对比研究—世界 Ⅳ.①G512

中国版本图书馆 CIP 数据核字(2020)第 093509 号

资历框架的国际比较研究
谢青松 杜沙沙 著
策划编辑:顾丽萍

责任编辑:顾丽萍 版式设计:顾丽萍
责任校对:谢 芳 责任印制:张 策

*

重庆大学出版社出版发行
出版人:饶帮华
社址:重庆市沙坪坝区大学城西路 21 号
邮编:401331
电话:(023)88617190 88617185(中小学)
传真:(023)88617186 88617166
网址:http://www.cqup.com.cn
邮箱:fxk@ cqup.com.cn(营销中心)
全国新华书店经销
重庆长虹印务有限公司印刷

*

开本:720mm×1020mm 1/16 印张:12.5 字数:180 千
2020 年 8 月第 1 版 2020 年 8 月第 1 次印刷
印数:1—1 000
ISBN 978-7-5689-2159-6 定价:39.00 元

前　言

《中国教育现代化 2035》提出了"建立全民终身学习的制度环境,建立国家资历框架"。资历框架也称为学习成果框架,是由教育部门联合各行各业共同制定的、反映各类学习成果的等级和通用标准体系,包括人们通过正规教育、非正规教育、非正式学习获得的各类学习成果,旨在建立教育系统和劳动力市场之间认证制度的衔接。建立资历框架是推动终身教育现代化的基础性制度,既是为了满足更加开放灵活的终身学习需求,通过各类学习成果的认证、积累和转换,实现学业提升通道、职业晋升通道、社会上升通道更加畅通的基础性制度,也是实现国际人才标准对接、扩大我国教育国际影响、实现人才的国际交流、推动教育国际化的基础性制度。

根据联合国教科文组织等机构 2019 年联合发布的《全球区域和国家资历框架目录》的统计,全球终身教育资历框架的发展规模达到前所未有的水平,建立和实施资历框架的国家总数已经达到 161 个,覆盖联合国列出的 193 个主权国家的 83.4%。同时,终身教育资历框架的国际发展已经进入跨国的资历和学分互认阶段,全球建立了 7 个区域资历参照框架,为 126 个国家提供了跨国资历和学分对接的标准。制定国家资历框架也是我国政府大力推动的基础性制度,早已纳入 2016 年颁布的《中华人民共和国国民经济和社会发展第十三个五年规划纲要》,而资历框架的实践探索启动于 2012 年,教育部职业教育与成人教育司委托国家开放大学开展"国家继续教育学习成果认证、积累与转换制度的研究与实践"项目,为此,国家开放大学建立了 10 个等级的终身教育资历框架。在 2017 年 3 月,广东省正式发布了《广东终身教育资历框架等级标准》,是国内第一个资历框架等级地方标准。此外,重庆、江苏、云南等省(市)也在纷纷探索资历框架的建设与实施。

本书通过对全球终身教育资历框架的发展现状和趋势进行比较研究,梳理了国际资历框架发展的缘起、现状与趋势,并对美国、巴基斯坦、南亚等国家和地区的资历框架发展进行了专题比较研究,对 7 个区域资历框架进行了对比分析。本书强调职业教育学习成果认证的重要性,对职业教育与培训资历框架进行了国际比较。此外,资历框架要实现公开、透明和公平的衔接与互认,离不开质量保证,本书对欧盟和东盟终身教育资历框架下的质量保证机制进行了比较研究。随着互联网在教育领域的深入应用,学习更加灵活与多元,基于区块链技术的数字证书,包括电子课程证书、电子档案包、纳米学位、开放教育徽章、数字徽章、电子档案袋、数字成绩单等将成为未来学习成果的主要形式。本书介绍了基于终身教育资历框架的 MOOC 学习成果认证与衔接,以及数字证书与区块链技术的融合发展。随着世界人口跨国流动加速、教育与培训国际化发展深化、数字化成果认证兴起,建立一个全球资历可以进行比较的独立的国际参照标准成为新的发展需要。本书介绍了联合国教科文组织自 2012 年启动的国际参照等级建设情况。

特别感谢导师张伟远教授的教诲和指导,他长期以来以严谨的治学态度、无比的学术热情、常年的勤奋努力推动了远程教育和终身教育领域的发展。此外,也特别感谢北京师范大学国家资历框架研究团队,以及身边的学术研究同侪,给了我不少精神食粮。最后,也特别感谢重庆广播电视大学大数据应用研究院、教育部职业技术教育中心研究所、教育部国际合作与交流司国(境)外学历认证中心,以及联合国教科文组织职业技术教育与培训中心、联合国教科文组织终身学习研究所、欧洲职业培训发展中心和欧洲培训基金会提供的创作平台和数据材料,以及《现代远程教育研究》《中国职业技术教育》《教育与职业》《职教论坛》《成人教育》等期刊对本书部分内容的修订和录用发表。

本书基于国际视野,立足中国创新,扎根本土需求,展望全球教育发展,探索互联网时代基于资历框架的终身教育体系建设,为发展国际领先和中国特色的现代终身教育体系提供发展模式、技术路径以及实施运作参考。作者希望,本书能够对我国资历框架的深入建设和实施，对学者从事终身教育资历框架的学术研究，对学习者在互联网时代认识、理解和参与终身学习有所启发。作者水平有限，编写存在诸多不足，希望读者怀包容之心，有渡人之情怀，诚心批评，热心谏言。

谢青松

2020 年 2 月 18 日

目　录

第一章

1

终身教育资历框架的国际发展

【本章导读】知识经济社会和互联网的发展应用推动了终身教育和终身学习的理念与实践的根本性变革,优质的、灵活的、无所不在的学习和对学习成效的重视促进了资历框架的兴起。通过构建终身教育资历框架,人们可以对各类学习成果进行积累、互认和转换。本章梳理了资历框架的缘起和发展现状,归纳了国家资历框架的发展模式,包括国家终身教育资历框架、单一类型资历框架、地方资历框架、区域资历框架。对终身教育资历框架的跨国互认和“一带一路”沿线国家资历框架的发展现状进行了分析。对终身教育资历框架建设提出了4个方面的具体举措和建议:一是制定终身教育资历框架的管理机制;二是制定终身教育资历框架的等级和标准;三是制定资历框架学习成果认证的评审标准;四是制定资历框架学分积累、互认和转换的标准。

第一节　资历框架的缘起

在 20 世纪 80 年代,全球教育界都在探讨知识经济社会来临的机遇和挑战。知识经济社会是相对工业经济社会而言,在工业经济社会中,教育结构是金字塔式的,企业依靠聘用教育金字塔顶尖的精英高校毕业生,不断学习新知识和掌握新技能,设计和开发新产品。企业的员工结构是金字塔式的,只有位于最顶层的少数精英员工需要终身学习,而大部分的员工终身从事简单重复的技能操作(张伟远 等,2013)。到了知识经济社会,为了增强经济竞争力,工业经济社会金字塔式的员工结构被打破,转向企业组织扁平化,组织的功能从管理和激励转向赋能,企业由上而下地释放权力,尤其是赋予员工们自主工作的权力,最大限度地发挥员工的才智和潜能。知识经济社会需要的是不断学习的、灵活发展的、自主学习的员工,这就要求所有员工都持续不断地学习新知识、新技能,发展新能力,这就对所有员工提出了终身学习的要求。各国政府、教育机构、各行各业都积极回应知识经济社会的要求,为人们提供终身学习的机会。为此,资历框架作为激发全民终身学习的新举措开始出现。

从 20 世纪 90 年代开始，随着互联网的发展和在教育中的广泛应用，终身教育和终身学习的理念和实践也随之发生根本性的变革，传统的终身教育理念注重的是为所有人，特别是弱势群体提供教育的设备和条件，强调的是终身教育政策的制定和教育资源的供给，如学校、设备、教科书、师资等。互联网的发展改变了人们的学习方式，从课堂学习发展到混合式学习和在线学习，终身学习的理念转向强调优质的、灵活的、无所不在的学习，终身学习的重心转向人们的学习成效，从而促进了资历框架的兴起。通过构建终身教育资历框架，人们通过正规教育、非正规教育、非正式学习获得的学习成果，无论是面授学习还是混合式学习或在线学习，无论是学校课堂学习还是工作场所的学习，无论是社区学习还是家庭学习，基于资历框架的等级和通用标准，通过学习成果的认证，学习者都能获得相应的资历和学分，并能得到长期的积累、互认和转换。

第二节　资历框架的发展现状

资历框架的发展始于 20 世纪 80 年代末至 90 年代中期，最早推行资历框架的国家和地区有澳大利亚、新西兰、南非、英国的苏格兰，为人们提供灵活弹性的个性化的终身学习阶梯。从 90 年代后期到 2000 年，资历框架在全球兴起，尤其在爱尔兰、马来西亚、马尔代夫、毛里求斯、墨西哥、纳米比亚、菲律宾、新加坡、特立尼达和多巴哥等国家迅速发展。根据联合国教科文组织等机构 2019 年联合发布的《全球区域和国家资历框架目录》的统计，全球资历框架的发展规模达到前所未有的水平，如果把英联邦小国共享资历框架的国家计算进去，建立和采用资历框架的国家总数达到 161 个，覆盖联合国列出的 193 个主权国家的 83.4%（CEDEFOP，2019）。

据统计，截至 2019 年，国际上已有约 161 个国家和地区建立或者正在建立资历框架，见表 1.1。

表 1.1　建立/采用资历框架的国家和地区

洲	国家和地区
亚洲 （37 个）	文莱、柬埔寨、印度尼西亚、老挝、马来西亚、缅甸、菲律宾、新加坡、泰国、越南、亚美尼亚共和国、阿塞拜疆、巴林、不丹、格鲁吉亚、中国（内地地方资历框架和香港地区资历框架）、印度、以色列、约旦、哈萨克斯坦、韩国、科威特、吉尔吉斯斯坦、黎巴嫩、马尔代夫、尼泊尔、巴勒斯坦、阿曼、巴基斯坦、塔吉克斯坦、东帝汶、阿拉伯联合酋长国（阿联酋）、卡塔尔、沙特阿拉伯、孟加拉国、斯里兰卡、阿富汗
大洋洲 （17 个）	澳大利亚、新西兰、基里巴斯、萨摩亚、汤加、图瓦卢、瓦努阿图、帕劳、托克劳、马绍尔群岛、纽埃、瑙鲁、斐济、密克罗尼西亚联邦、库克群岛、巴布亚新几内亚、所罗门群岛
欧洲 （44 个）	奥地利、比利时、保加利亚、克罗地亚、塞浦路斯、捷克、丹麦、爱沙尼亚、芬兰、法国、德国、希腊、匈牙利、冰岛、爱尔兰、意大利、拉脱维亚、列支敦士登、立陶宛、卢森堡、马耳他、英国、土耳其、北马其顿、西班牙、瑞典、斯洛伐克、斯洛文尼亚、挪威、波兰、葡萄牙、罗马尼亚、黑山、荷兰、阿尔巴尼亚、白俄罗斯、波黑、摩尔多瓦、俄罗斯联邦、塞尔维亚、索马里、瑞士、科索沃、乌克兰
美洲 （23 个）	美国、加拿大、墨西哥、圣基茨和尼维斯、圣卢西亚、圣文森特和格林纳丁斯、阿根廷、巴西、智利、蒙特塞拉特岛、苏里南、安提瓜和巴布达、巴巴多斯、伯利兹、哥伦比亚、多米尼加、格林纳达、圭亚那、海地、牙买加、圣卢西亚、巴哈马、特立尼达和多巴哥
非洲 （40 个）	安哥拉、博茨瓦纳、刚果民主共和国、莱索托、马达加斯加、马拉维、毛里求斯、莫桑比克、纳米比亚、塞舌尔、南非、斯威士兰、坦桑尼亚、赞比亚、津巴布韦、贝宁、布基纳法索、佛得角、科特迪瓦、埃及、厄立特里亚、埃塞俄比亚、加纳、几内亚、几内亚比绍、利比里亚、马里、摩洛哥、尼日尔、尼日利亚、塞内加尔、塞拉利昂、科摩罗、冈比亚、多哥、突尼斯、肯尼亚、卢旺达、乌干达、埃斯瓦蒂尼

注：包括参与英联邦小国资历框架的 31 个国家和地区。

一、"一带一路"沿线国家资历框架的发展

"一带一路"倡议由我国政府在 2013 年正式提出,旨在促进沿线国家共同发展、实现共同繁荣。基于联合国教科文组织等机构 2019 年发布的《全球区域和国家资历框架目录》的数据,对照"一带一路"沿线国家建立终身教育资历框架的现状,统计结果见表 1.2。

表 1.2　"一带一路"沿线国家资历框架建设情况

区　域	已建立	未建立
亚洲、大洋洲地区 （14 个）	蒙古国、韩国、新西兰、东帝汶和东盟 10 国（菲律宾、印度尼西亚、马来西亚、新加坡、泰国、文莱、越南、老挝、缅甸、柬埔寨）	
南亚 （8 个）	马尔代夫、印度、孟加拉国、巴基斯坦、斯里兰卡、尼泊尔、不丹、阿富汗	
中亚 （5 个）	吉尔吉斯斯坦、塔吉克斯坦	土库曼斯坦、乌兹别克斯坦
东欧 （20 个）	阿尔巴尼亚、波黑、克罗地亚、捷克、爱沙尼亚、拉脱维亚、立陶宛、北马其顿、黑山、匈牙利、波兰、塞尔维亚、斯洛伐克、斯洛文尼亚、俄罗斯、乌克兰、白俄罗斯、摩尔多瓦	
西亚 （18 个）	土耳其、约旦、以色列、巴勒斯坦、沙特阿拉伯、巴林、卡塔尔、阿曼、阿拉伯联合酋长国（阿联酋）、科威特、黎巴嫩、阿塞拜疆、格鲁吉亚、亚美尼亚	伊拉克、叙利亚、也门、伊朗
非洲及拉美 （6 个）	南非、摩洛哥、马达加斯加、埃及、埃塞俄比亚	巴拿马
总数 （71 个）	64（90.14%）	7（9.86%）

资料来源:国家信息中心"一带一路"大数据中心,2018;CEDEFOP,2017

从表 1.2 可以看到，在"一带一路"沿线的 71 个国家中，64 个国家都建立了终身教育资历框架，占总数的 90.14%。这表明"一带一路"沿线国家已经广泛推行终身教育资历框架。

为了保证资历框架的推行，"一带一路"沿线国家都在政府层面上进行资历框架立法（张伟远，谢青松，2019）。资历框架的立法包括内容和过程两个维度。资历框架立法内容是指资历框架的法律、条例、适用范围和目的，并对 8 个关键内容做出规定，分别是目的和原则、组织管理机构、利益相关者、资历的开发、实施资历框架的关键议题、质量保证、非正规教育和非正式学习的认证、资历的认证。过程是指资历框架立法的构思和设计，在起草法律时需要研究如何建立新的法律，与相应法律进行对接，如遵循上位的国家教育法的条款，与下位的职业和培训法的衔接，确保终身教育资历框架与各级各类教育、培训和劳动力市场已有的相关法律和政策一致。此外，资历框架立法基于各国国情在以下方面存在差异，包括初级和二级立法，初级立法制定基本原则，二级立法规定详细条款；法律松散和紧张之间的平衡；参与立法的主体和利益相关者群体（Graham et al., 2017）。

"一带一路"沿线国家的终身教育资历框架都以法律为保障，保证国家资历框架能在全国范围内广泛推行和实施。例如，2012 年 10 月 1 日，菲律宾政府颁布了《83 号行政令》；2000 年 8 月 14 日，马尔代夫政府颁布了《总统法令》；2012 年 10 月 19 日，哈萨克斯坦政府颁布了《8022 联合令》；2012 年 2 月 1 日，保加利亚政府颁布了《部长理事会第 96 号决定》；埃及在 2006 年政府颁布的《82 号法律》和 2007 年颁布的《25 号总统令》中，提出了资历框架的技术蓝图，宣布建立国家质量保证和认证委员会，在 2015 年由总理提议、国家质量保证和认证委员会主办的高端会议上，决定草拟埃及资历框架法律。

"一带一路"沿线国家在构建终身教育资历框架中，采用政府主导、各利益相关机构全面参与的管理模式。利益相关机构是指在资历框架政策制定和实施过程中具有特定作用或既得利益的团体或实体机构。没有利益相关机构的参与,资历框架将会缺少可信度,资历框架的实施也难以落实。利益相关机构包括政府不同部门、行业机构和商会、教育和培训机构等。资历框架由政府指定的部属机构或特设部门管理,为不同的利益相关机构搭建咨询和商讨的平台,讨论资历框架体系中的问题;制订国家资历框架实施计划;制订改革目标;识别新资历的需要;评估资历课程提供机构的能力和措施;决定资历体系的改革等。

从"一带一路"沿线国家的终身教育资历框架的管理模式来看,各国资历框架法律都规定了由政府部门作为资历框架的管理机构。例如,菲律宾资历框架由菲律宾国家协调委员会管理,协调委员会主席由教育部部长担任,成员包括技术教育和技能发展署、高等教育委员会、劳动和就业部以及专业监管委员会的官员,这些成员分管全国不同类型的教育和培训事务,以管理和统筹相关利益机构共同参与资历框架的建设和实施。协调委员会成立 4 个工作组,分别承担菲律宾资历框架的不同职责,所有的组织机构致力于发展一个协调的、符合国际标准的资历框架,覆盖基础教育、职业教育与培训、高等教育以及更广泛的终身学习(Isaac,2011)。马尔代夫总统在 2000 年组建了教育认证委员会,而此前资历认证由公共考试部负责。随着马尔代夫资历局的建立,2005 年资历局启动了对各级资历的修订,经过广泛的研究和与利益相关机构的讨论和咨询,2009 年完成资历的修订工作。直到 2010 年,马尔代夫认证委员会的资历认证的职责正式移交给马尔代夫资历局,2011 年,马尔代夫资历局完成了原有认证体系和新的国家资历框架体系的对接。

在"一带一路"沿线国家中,各国都建立了资历框架级别和资历级别标准,新加坡在 2003 年建立了 6 个级别的劳动力技能资历框架;马来西亚在 2007 年建立了 8 个级别的国家资历框架;菲律宾在 2012 年建立了 8 个级别的国家资历框架;印度尼西亚在 2012 年建立了 9 个级别的国家资历框架;柬埔寨在 2012 年建立了 8 个级别的国家资历框架;文莱在 2013 年建立了 8 个级别的国家资历框架;泰国在 2014 年建立了 9 个级别的国家资历框架;越南在 2014 年完成了建立 8 个级别的国家资历框架计划书;老挝在 2015 年完成了建立 8 个级别的国家资历框架计划书;缅甸在 2015 年完成了建立 8 个级别的国家资历框架的草案(张伟远 等,2017)。

在"一带一路"沿线国家中,有些国家的资历通用标准是 5 个维度。例如,马来西亚的资历级别通用标准维度包括知识的深度、复杂性和全面性,知识和技能的应用,决策过程中的自主程度和创造性,交流技能,实践的广度和复杂程度。柬埔寨的资历级别通用标准维度包括知识,认知技能,心理运动技能,人际交往技能和责任,交流能力、信息技术能力和计算能力。有些国家的资历通用标准是 4 个维度。例如,新加坡的资历级别通用标准维度包括知识和技能,知识和技能的应用,解决问题或完成任务所需的责任、独立性、自我组织或管理他人,认识相关工作所需的知识和技能的职业水平、广度和深度。印度尼西亚的资历级别通用标准维度包括伦理和道德,工作能力,知识理解,自主性和责任。文莱的资历级别通用标准维度包括知识和技能,知识应用和理解的通用认知技能,交流、信息通信技术和计算能力,自主、责任和合作能力。还有些国家的资历通用标准是 3 个维度。例如,菲律宾的资历级别通用标准维度包括知识,技能、价值观、应用,独立性。此外,即使是相同数目的维度,其维度的内容和表达也不尽相同,如泰国的 3 个维度的描述是知识、技能、特性;缅甸的 3 个维度的描述是知识和技能,应用和能力,责任(张伟远 等,2017)。

二、"一带一路"沿线国家从一国向跨国资历框架对接的发展

"一带一路"沿线国家的资历框架正在进入从本国向跨国资历框架对接的阶段,通过与区域资历框架的对接,可以实行本国与区域内其他国家的资历和学分互认。截至 2017 年,在 71 个"一带一路"沿线国家中,35 个国家已经加入所在区域的资历和学分互认系统,见表 1.3。

表1.3　"一带一路"沿线国家加入所属区域资历框架的统计

区　域	国　家
欧洲资历框架(18个)	保加利亚、阿尔巴尼亚、波黑、克罗地亚、捷克、爱沙尼亚、匈牙利、拉脱维亚、立陶宛、北马其顿、黑山、罗马尼亚、波兰、塞尔维亚、斯洛伐克、斯洛文尼亚、土耳其、希腊
东盟资历参照框架(10个)	菲律宾、文莱、柬埔寨、印度尼西亚、老挝、马来西亚、缅甸、新加坡、泰国、越南
英联邦小国虚拟大学跨国资历框架(1个)	马尔代夫
海湾资历框架(6个)	沙特阿拉伯、巴林、卡塔尔、阿曼、阿拉伯联合酋长国、科威特
总数	35

资料来源:国家信息中心"一带一路"大数据中心,2018;CEDEFOP,2017

从表1.3可以看到,在"一带一路"沿线的71个国家中,18个国家与欧洲资历框架进行对接,10个国家与东盟资历参照框架进行对接,1个国家与英联邦小国虚拟大学跨国资历框架进行对接,6个国家与海湾资历框架进行对接。通过与区域资历框架的对接,可以实行本国与区域内其他国家的资历和学分互认,这也表明了"一带一路"沿线国家的资历框架正进入从本国向跨国资历框架对接的阶段。

第三节　终身教育资历框架的模式

纵观国际上的资历框架,可以划分为4种模式:一是国家终身教育资历框架(112个国家),即国家层面上的各级各类教育衔接和沟通的终身教育体系;二是单一类型资历框架(15个国家),如高等教育资历框架、职业教育与培训资历框架;三是地方资历框架,典型的如中国香港地区、中国内地、加拿大安大略省;四是区域资历框架(7个区域),即跨地区共享和对接的资历参照框架,用于区域内跨国的资历和学分互认及转换。在以上4种类型中,单一类型资历框架和地方资历框架有的是重叠的,如地方的职业教育与培训资历框架。

一、国家终身教育资历框架

　　大部分国家是直接建立国家终身教育资历框架,也有部分国家是先有单一类型资历框架,再把各类教育资历框架整合起来,形成各级各类教育之间衔接和沟通的国家终身教育资历框架。例如,马来西亚资历框架起源于高等教育认证,马来西亚政府在 1996 年颁布《国家认证法令》,据此教育部成立马来西亚国家认证委员会,对私立高校的学位、学历和专业进行认证。2007 年,马来西亚政府颁布《马来西亚资历认证法令》,通过了马来西亚资历框架,同年成立马来西亚资历局,负责制定国家资历框架。此资历框架属于全国范围内教育和培训机构都适用的统一资历系统,涵盖普通高校、职业院校、专业团体以及其他公立和私立的高等教育机构,也包括在职培训和终身学习(Malaysia,2015)。由于马来西亚资历框架起源于高等教育领域,马来西亚资历局也设置在高等教育部(Jack Keating,2011)。马来西亚资历框架包含 3 个子框架和 8 个级别。3 个子框架分别是技能培训、职业教育和高等教育。在 8 个资历级别中,技能培训有 5 个级别,分别是一级技能证书、二级技能证书、三级技能证书、文凭和高级文凭。职业教育有 3 个级别,属于资历框架的第三到第五级,分别是职业技术证书、文凭和高级文凭。高等教育系列有 6 个级别,属于资历框架的第三到第八级,分别是证书,文凭,高级文凭,本科阶段的证书和文凭/学士学位,研究生证书和研究生文凭/硕士学位,博士学位。马来西亚资历框架不同级别的资历标准从 5 个维度进行描述,称为资历框架标准通用能力,分别为知识的深度、复杂性和全面性,知识和技能的应用,决策过程中的自主程度和创造性,交流技能,实践的广度和复杂程度。

二、单一类型的资历框架

　　单一类型的资历框架是指同一类型教育之间的衔接和沟通,如高等教育资历框架以及职业教育与培训资历框架等。例如,英国不同地区并存着5个资历框架,包括职业教育与培训国家资历框架、职业教育与培训资历和学分框架、高等教育资历框架、苏格兰学分和资历框架、威尔士学分和资历框架。其中英国高等教育资历框架属于高等教育类型的资历框架,于2001年由高等教育质量保证署负责开发和推出,2003年在英格兰、威尔士和北爱尔兰3个地区实施,2008年8月进行修订。高等教育资历框架包括第四到第八级5个层次的资历,第四级是高等教育证书/国家高等教育证书,第五级是高等教育文凭/国家高等教育文凭/基础学位,第六级是本科证书/本科文凭/学士学位/荣誉学士学位,第七级是研究生证书/研究生文凭/硕士学位,第八级是博士学位。高等教育资历框架的细则对各级资历的级别标准有详细的描述。

三、地方资历框架

地方资历框架是相对于国家资历框架而言的,典型的如加拿大安大略省资历框架。加拿大的政治体制属于联邦制,宪法规定,教育完全由各省自治。安大略省资历框架始建于2010年,是加拿大全国范围内完成的第一个地方资历框架(张伟远 等,2014)。安大略省资历框架由低到高分为13个资历级别,包括职业教育与培训系列的9级和高等教育系列的4级:第一级是一级证书;第二级是二级证书;第三级是学徒证书;第四级是资历证明;第五级是三级证书;第六级是一级文凭;第七级是二级文凭;第八级是进修证书;第九级是文凭后证书;第十级是学士学位;第十一级是荣誉学士学位;第十二级是硕士学位;第十三级是博士学位。安大略省资历框架中的每一个资历级别都有对应的资历级别标准,包括6个维度:知识的深度和广度、理论和方法论的认知/学术研究、沟通技巧、知识的应用、专业能力和自主性、对知识局限性的认识。

四、区域资历框架

随着资历框架理念和实践在国际上的广泛流行,全球人口流动性的增强,很多地区探讨和实施跨国资历的认可和转换，即建立区域资历参照框架。终身教育资历框架从一国发展到区域跨国资历和学分的互认，最早是 2008 年欧洲资历框架的建立，2011 年在欧洲国家正式实施，已经有 39 个欧洲国家参照欧洲资历框架，实现了一国内部的地方资历框架和跨国的资历及学分互认（CEDEFOP，2018）。在 2009 年，太平洋资历框架正式发布，帮助 15 个成员国进行资历框架的对接。2010 年，英联邦学习共同体参照欧洲资历框架，建立英联邦小国虚拟大学，通过资历框架为 32 个成员国提供课程的学分认证和互认，已经在旅游、农业、信息交流等领域开展。2012 年，加勒比区域制定资历框架草案，2016 年得到批准，目前 15 个成员国根据加勒比资历框架规则逐渐对接本国资历框架。2014 年，海湾区域资历框架在沙特阿拉伯正式发布，6 个成员国开展本国与区域资历框架的对接工作（CEDEFOP，2017）。区域资历框架发展最为迅速的是东盟，2014 年年底，东盟资历参照框架正式建立，为东盟 10 个成员国之间进行跨国资历和学分互认提供了参照标准，逐步实施东盟 10 国之间跨国的资历和学分互认。2017 年，南部非洲发展共同体资历框架正式推出，并建立了区域资历认证网，作为南部非洲发展共同体成员国资历认证的工具（SADC，2017）。

第四节　终身教育资历框架的跨国互认

如上所述，全球已经建立的 7 个区域资历框架，实现资历和学分的区域互认，分别是欧洲资历框架（European Qualifications Framework，EQF），东盟资历参照框架（ASEAN Qualifications Reference Framework，AQRF），南部非洲发展共同体资历框架（Southern African Development Community Regional Qualifications Framework，SADC QF），太平洋资历框架（Pacific Qualifications Framework，PQF），加勒比共同体资历框架（CARICOM Qualifications Framework，CARICOM QF），海湾资历框架（Gulf Qualifications Framework，GQF）和跨国界资历框架——英联邦小国虚拟大学（Transnational Qualifications Framework—the Virtual

University for Small States of the Commonwealth，TQF），见表1.4。

表1.4　全球区域资历框架以及参与国家和地区

名　　称	国家和地区名单
欧洲资历框架(36个)	奥地利、比利时、保加利亚、克罗地亚、塞浦路斯、捷克、丹麦、爱沙尼亚、芬兰、法国、德国、希腊、匈牙利、冰岛、爱尔兰、意大利、拉脱维亚、列支敦士登、立陶宛、卢森堡、马耳他、黑山、荷兰、挪威、波兰、葡萄牙、罗马尼亚、塞尔维亚、斯洛伐克、斯洛文尼亚、西班牙、瑞典、瑞士、北马其顿、土耳其、英国(英格兰和北爱尔兰、苏格兰、威尔士)
南部非洲发展共同体资历框架(15个)	安哥拉、博茨瓦纳、刚果民主共和国、莱索托、马达加斯加、马拉维、毛里求斯、莫桑比克、纳米比亚、塞舌尔、南非、斯威士兰、坦桑尼亚、赞比亚、津巴布韦
东盟资历参照框架(10个)	文莱、柬埔寨、印度尼西亚、老挝、马来西亚、缅甸、菲律宾、新加坡、泰国、越南
太平洋地区资历框架(11个)	澳大利亚、新西兰、所罗门群岛、瓦努阿图、斐济、瑙鲁、基里巴斯、图瓦卢、汤加、萨摩亚、托克劳
加勒比共同体资历框架(15个)	安提瓜和巴布达、巴哈马、巴巴多斯、伯利兹、多米尼加、格林纳达、圭亚那、海地、牙买加、蒙特塞拉特岛、圣基茨和尼维斯、圣卢西亚、圣文森特和格林纳丁斯、苏里南、特立尼达和多巴哥
英联邦小国虚拟大学资历框架(32个)	安提瓜和巴布达、巴巴多斯、伯利兹、博兹瓦纳、文莱、塞浦路斯、多米尼加、斐济、格林纳达、圭亚那、牙买加、基里巴斯、莱索托、马尔代夫、马耳他、毛里求斯、纳米比亚、巴布亚新几内亚、萨摩亚、塞舌尔、塞拉利昂、所罗门群岛、圣基茨和尼维斯、圣卢西亚、圣文森特和格林纳丁斯、斯威士兰、巴哈马、冈比亚、汤加、特立尼达和多巴哥、图瓦卢、瓦努阿图

注:圣基茨和尼维斯、圣卢西亚、圣文森特和格林纳丁斯等国的资历框架与加勒比共同体资历框架和英联邦小国虚拟大学资历框架同时对接。

第五节　讨论和启示

　　基于以上资历框架的比较研究,终身教育资历框架系统由资历框架的管理、资历框架等级和标准的制定、学习成果认证以及学分的积累和转换四大部分组成,具体包括制定资历框架的 15 项内容。

一、制定终身教育资历框架的管理机制

　　终身教育资历框架的管理机制包括七大任务:资历框架的立法或者条例;组建资历框架的管理机构;设立不同的资历框架管理和专家委员会;组建资历框架行业咨询委员会;指定第三方的学术和职业质量评审机构;成立资历框架的研究部门;监督资历框架的实施等。

二、制定终身教育资历框架的等级和标准

　　终身教育资历框架的等级和标准的划分包括两大任务:资历等级和资历标准。资历等级的划分一般是由低到高,第一级可以是相当于小学水平的资历,最高级相当于博士层次的资历,在第一级和最高级资历中间划分的资历等级数量,是根据本国的教育和培训体系而定的,如初中等级、高中等级、大专等级、本科等级和硕士研究生等级。在划分了资历框架等级的基础上,为了保证各种学习成果的可比性和可转换性,需要建立资历框架中每一等级的通用标准。资历等级标准通常从知识、技能、能力 3 个维度表述。资历等级越高,对学习成果的知识、技能和能力的要求也越高,每一等级的资历都要制定详细的通用标准说明。建立资历框架的目的之一是让从业人员在职学习获得的学习成果转换成个人的资历,帮助从业人员继续学习高一级资历的课程,这就要建立统一的行业资历等级标准。行业资历等级通用标准要列明各个行业中各级资历所需要

达到的知识、技能、能力和态度等标准。

三、制定资历框架学习成果认证的评审标准

资历框架的学习成果认证包括基于质量保证和质量评审两大任务。为了保证资历和学分的对等性和可比性，需要建立严格的质量保证和评审机制。质量保证包括教育和培训机构内部的质量保证机制和第三方外部的质量评审。在资历框架的实施中，教育和培训机构要采用成效为本的评价方法。成效为本强调基于资历框架的等级标准，确定每门课程的学习目标，这些学习目标必须是清晰的、具体的以及可评价的。评价是测评学生是否达到预期的学习目标。同时，过往学习的认可是资历框架中的重要组成部分，这是指通过非正规学习和非正式学习获得的知识、技能和能力，通过评审在资历框架下同样可以获得相应的资历或学分。

由于正规教育已经有完整的学习成果评价体系，资历框架中学习成果认证关注的是非正规教育和非正式学习的学习成果论证，包括职业教育与培训、继续教育、技能证书和各类业绩的学习成果认证。这就需要建立具有政府层面的资历和学分认证管理机构，邀请和吸引各类教育机构和各行业协会参与，从而得到政府、行业企业以及全社会的认可。

四、制定资历框架学分积累、互认和转换的标准

学分的积累和转换包括建立学分计算标准、学分积累标准、学分转换标准以及学分互认标准四大任务。资历框架中的学习成果是用学分形式来表现的，学分是指对学习量的描述。由于不同教育和培训机构采用的学时和学分计算标准不同，要进行院校和培训机构之间的学分互认，我们需要建立学分计算、学分认证和学分转换的标准，才能进行标准化的资历和学分积累、互认和转换。

2

职业教育与培训资历框架的国际比较

【本章导读】建立职业教育与培训资历框架,实现职业教育与普通教育、继续教育等其他教育类型之间学习成果和资历学分的互认、转换和衔接,已经成为世界教育改革和发展的趋势。本章比较了国际上几个比较典型的职业教育与培训资历框架的资历级别、能力标准和学分体系,并基于我国职业教育现代化的发展方向,提出了4个方面的策略建议:一是协调多方参与,构建特色化的职业教育与培训资历框架;二是发挥职业教育与培训资历框架的作用,助力可持续发展目标和教育现代化;三是接轨国际职业教育,构建完整的职业教育与培训体系;四是立足成效为本,建立职业教育与培训质量保证框架。

职业教育与培训是工业化和数字化时代全球各国教育体系的核心组成部分和重要教育类型。为实现与普通教育和继续教育的衔接,提高职业教育与培训的吸引力、认可度和满意度,满足各国终身教育体系和学习型社会建设,各国纷纷建立了职业教育与培训资历框架,并将其作为重要单一类型资历框架纳入该国国家资历框架体系,以保证职业教育与培训的学习成果公平、公正、透明地与各种类型的正规教育、非正规教育和非正式学习的学习成果进行学分互认和资历转换。我国已经建成了世界上规模最大的职业教育体系,拥有高职专科院校和中等职业学校近万所,每年有近千万职业教育毕业生进入劳动力市场。同时,互联网技术的发展和社会资本的投入推动了我国学校后职业培训的持续繁荣,学校后的成人学习者通过再次学习和培训获得职业技能以实现职业晋升和生涯发展,成为知识经济社会的必然趋势。但是,我国至今没有建立起职业教育与培训资历框架,职业教育与培训的学习成果无法客观、公正地得到企事业单位的认可,也无法与其他类型的教育进行成果衔接和互换,导致了职业教育与培训社会地位的贬值和异化,影响了职业教育与培训的社会功能和价值。本书拟通过国际比较研究,探索职业教育与培训资历框架的国际发展现状,以及职业教育与培训资历框架的组织架构、能力标准和学分体系,旨在为我国职业教育与培训资历框架的建设与发展提供路径参考。

第一节 职业教育与培训资历框架的源起与发展

资历框架是指根据特定学习水平和能力标准的要求,构建的一个连续被认可的资历阶梯,旨在实现各级各类教育和学习之间的衔接和沟通,认可人们通过正规教育、非正规教育和非正式学习所获得的学习成果,认可人们在职场中、生活中和闲暇时所获得的经验、成果和业绩,从而为全社会成员提供个性化的、灵活弹性的终身学习阶梯。20 世纪 80 年代以来,国际上建立资历框架的国家或地区的数量已经达到 161 个,在某些区域,资历框架已经进入成熟发展和实施运作阶段。例如,根据欧洲职业教育与培训发展中心的统计,截至 2019 年,欧洲 39 个国家已经建立了 43 个资历框架,其中有 36 个资历框架已经进入运作阶段。此外,东盟、南部非洲发展共同体、太平洋区域、加勒比区域、海湾区域等地区的 126 个国家已经发展到资历框架区域互认的阶段,推动了人才和劳动力资源的跨国流动和区域经济共同体的发展。

资历框架的建设往往要经历 4 种模式阶段:单一类型的资历框架、地方资历框架、国家资历框架和区域资历框架。单一类型的资历框架是指同一类型教育之间的衔接和沟通,如高等教育资历框架、职业教育与培训资历框架等。资历框架的发展趋势往往包括两个走向:一是从单一类型资历框架向一体化国家资历框架发展;二是从国家资历框架向与其他国家资历框架对接发展。国际上现有的 161 个国家或地区的资历体系中,职业教育与培训是重要的构成类型,甚至是很多国家资历框架建立的基础和起点,因此,要推动我国职业教育与培训体系化和现代化,应该优先考虑和探索职业教育与培训资历框架的建立,并以此推动国家资历框架的建设和实施。

近年来,建立资历框架的必要性和紧迫性已经得到我国政府的高度重视,国家先后出台了一系列政策性文件。2016 年 3 月发布的《中华人民共和国国民经济和社会发展第十三个五年规划纲要》,正式将"制定国家资历框架"列为国家"十三五"改革发展议题。2016 年 7 月,教育部在《推进共建"一带一路"教育行动》中明确提出"加快推进中国教育资历框架开发"。2019 年 2 月,国务院颁布了《中国教育现代化 2035》,再次强调"建立全民终身学习的制度环境,建立国家资历框架"。建立资历框架的意识也已深入职业教育领域,如教育部在《职业教育与继续教育 2018 年工作要点》中明确提出要"研制国家资历框架";2019 年 1 月,国务院最新发布的《国家职业教育改革实施方案》指出:"从 2019 年起,在有条件的地区和高校探索实施试点工作,制定符合国情的国家资历框架。"可见,资历框架的建设理念已经上升到了国家战略规划层面,尽快建设和实施资历框架已经达成广泛共识。

但是,我国对建立和实施资历框架仍然处于探索阶段。在理论上,张伟远(2017)、黄健(2017)、姜大源(2014)等专家学者从不同视角对资历框架或职业教育资历框架的建设进行了思考;在实践上,北京、广东、重庆等省(市)进行了资历框架建设探索,但涉及国家层面的资历框架建设和广泛实施运作还遥遥无期,根本原因仍然是经验的缺失和实践的不足。因此,有必要对国际上比较成熟的职业教育与培训资历框架进行比较研究,从纵横立体和拿来主义的视角考察国际先进做法,以期为我国职业教育与培训资历框架的建设提供经验参考。

第二节 国际职业教育与培训资历框架的比较

一、职业教育与培训资历框架的资历级别

资历级别是对职业教育与培训学习成果的量化评价,是职业教育与培训资历框架中基于学习成果的阶梯划分,相当于资历框架的组织架构。资历级别的划分往往基于对某一资历级别学习成果的具体描述,以及该级别预期学习成果的特征和所处语境的详细阐释,为审查特定的学习成果和评估标准提供支持,

以便开发特定的学习模块和单元,并对某一级别进行适当的学分分配。本章以欧洲资历框架的资历级别为参考基准,对比分析了土耳其、澳大利亚、菲律宾、印度尼西亚、德国和柬埔寨的职业教育与培训资历框架,见表2.1。

表 2.1 职业教育与培训资历框架的级别比较

欧洲资历框架	土耳其	澳大利亚	菲律宾	印度尼西亚	德 国	柬埔寨
8	八级资历证书			博士(应用型)		技术/商业教育博士学位
7	七级资历证书	研究生文凭、研究生证书		硕士(应用型)	以实践为导向的硕士学位/受认证的行业专业人士资历	技术/商业教育硕士
				专业人士		
6	六级资历证书	进修文凭		四级文凭	以实践为导向的学士学位/受认证的行业专家资历	技术/商业教育学士
5	五级资历证书	文凭	文凭	三级文凭	行业性职业资历	高级文凭/技术/商业教育副学士学位
4	四级资历证书	四级证书	四级国家证书	二级文凭	双元制职业教育与培训资历/全日制职业学校职业资历	技术和职业证书三级
3	三级资历证书	三级证书	三级国家证书	一级文凭	双元制职业教育与培训资历/全日制职业学校证书	技术和职业证书二级
2	二级资历证书	二级证书	二级国家证书	职业高中	职业预备培训二级资历/全日制职业学校证书	技术和职业证书一级

续表

欧洲资历框架	土耳其	澳大利亚	菲律宾	印度尼西亚	德　国	柬埔寨
1	一级资历证书	一级证书	一级国家证书	初中	职业预备培训一级资历	职业技能证书

从表2.1可以看出，虽然不同国家的职业教育与培训资历级别的划分不同，但都是由低到高按知识、技能和能力的难易程度和复杂性进行阶梯式排列，而大部分国家的资历框架的第一级是最低级别的资历，最高级是最高层次的资历。在第一级和最高级资历中间划分的资历级别数量，是根据本国的教育和培训体系而定的。例如，印度尼西亚职业教育与培训资历框架分为9级，即第一级初中、第二级职业高中、第三级一级文凭、第四级二级文凭、第五级三级文凭、第六级四级文凭、第七级专业人士、第八级硕士（应用型）、第九级博士（应用型）。而菲律宾的职业教育与培训资历框架只有5级，即一级国家证书、二级国家证书、三级国家证书、四级国家证书以及文凭。此外，虽然各国职业教育与培训资历框架的级别不同，但都以学习成效为标准，与本国其他教育类型进行相互衔接和对应。由于欧洲资历框架是与东盟资历参照框架、南部非洲发展共同体资历框架等区域资历框架的关键指标衔接的，因此各个国家的职业教育与培训的学习成果可以与欧洲资历框架的级别进行衔接，从而为上述国家人力资源彼此之间跨国跨区域自由流动和资历互认奠定基础。

二、职业教育与培训资历框架的通用能力标准

在划分了资历框架级别的基础上，为保证各种学习成果的可比性和转换性，需要建立资历框架中每一级别的通用标准。资历级别标准最常见的是从知识、技能和能力3个维度进行表述。资历级别越高，对学习者的知识、技能和能力的要求也越高，每一级别的资历都有详细的通用标准说明。资历框架通用能

力标准的建立,为教育和培训机构开设的不同资历等级课程的审核,以及为非正规教育和非正式学习所获得的学习成果的认证提供了统一的标准和指南。本章比较了土耳其、澳大利亚、菲律宾、印度尼西亚、德国和柬埔寨职业教育与培训资历框架的通用能力标准维度,见表2.2。

表2.2 职业教育与培训资历框架通用能力标准维度比较

国　家	通用标准维度
土耳其	知识、技能和能力
澳大利亚	知识、技能和应用
菲律宾	知识、技能、价值观、应用和独立性
印度尼西亚	伦理和道德、工作能力、知识理解、自主性和责任
德国	专业能力和个人能力,专业能力被细分为知识和技能两个子维度,而个人能力则包含社会能力和自我能力两个子维度
柬埔寨	知识、认知技能、心理运动技能、人际交往技能和责任、交流能力、信息技术能力和计算能力

从表2.2可以看出,对于资历框架级别标准维度的描述,不同国家使用的名称不尽相同,不同国家的通用能力标准维度数量也各有不同,进而可以推测出各个维度的具体内容和描述也各有特色。例如,德国的标准维度有两个:一个是专业能力;另一个是个人能力。专业能力又包括知识和技能两个子维度,而个人能力则包括社会能力和自我能力两个子维度。其中,知识指知识的深度和广度;技能指工具和系统技能,判断力;社会能力指团队或领导技能、参与和沟通能力;自我能力指自主、责任、反思和学习能力。尽管各国标准维度的名称和描述不同,但其核心指标却是一致的,都是围绕着知识、技能和能力为核心关键点,为每个级别的标准和能力要求提供参考,从而与本国教育体系中的其他教育类型以及与区域内其他资历框架进行对接和互换。例如,2008年发布了欧洲资历框架,基于该框架的思想理念,德国的国家资历框架协调委员会和工作组在2009年2月提出了德国资历框架草案,主要目标是使德国各级各类教育

能相互衔接和彼此贯通。德国资历框架矩阵与欧洲资历框架一致，包括 8 个等级，其能力标准维度也基于欧洲资历框架，提供对学习成效的分类描述，核心内涵与欧洲资历框架通用标准的知识、技能和能力 3 个维度的具体指标一致。

三、职业教育与培训资历框架的学分体系

学分通常是指对课程或单元学习量的描述。为了进行各类学习成果的量的计算，在资历框架中需要确定统一的学分标准。国际上资历框架中最常用的学分计算方法是 1 个学分等于 10 个学时，学时包括教师指导下的学习时间、自主学习时间、完成作业和考试的时间等。以大学全日制学生学习一年是 120 个学分也就是 1 200 个学时为基准，非全日制的课程都以这一指标进行换算。有了统一的学分和学时的计算，才能进行标准化的资历学分积累和转换。本章比较了马尔代夫、保加利亚、爱尔兰、巴基斯坦、马来西亚和柬埔寨职业教育与培训资历框架的学分体系，见表 2.3。

表 2.3 部分国家职业教育与培训资历框架学分体系比较

国　家	职业教育与培训学分认证体系及学习量
马尔代夫	学分计算标准是每 1 个学分等于 10 小时的学习量，包括上课、实验、实践活动、研究、自习和完成作业的学时数。要获得职业教育的证书四级或高级证书，需要获得 120 个学分，其中 90 个学分要求在第四级获得，相当于 1 年(30 周)的全职学习
保加利亚	学分计算标准参考欧洲学分转换系统，60 个学分相当于 1 个学年的学习量，对应学生的课业学习量为 1 500～1 800 个学时，学生获得 1 个学分的学习量是 25～30 个学时。保加利亚职业教育与培训资历框架下的专业学士学位需要 180 个学分，而专业硕士学位则需要在专业学士学位获取以后再修 120 个学分

续表

国　　家	职业教育与培训学分认证体系及学习量
爱尔兰	学分值的制定基于名义学时的概念,1 学分等同于 10 小时的常规学习。其中常规学习包含直接的和间接的学习活动,例如上课、实践操作、实验以及测验等
巴基斯坦	学分值通过评估完成每个能力单元和能力标准所需的时间或教学时数来确定,1 个学分等同于 10 小时学习量,其中能力标准包括不同的学习活动。例如识别应用研究工具 10 个学分,相当于 100 个估计小时数;构思设计理念 20 个学分,等同于 200 个估计小时数
马来西亚	学习成果覆盖了上课、辅导、讲座、实践操作、实验、测验、信息检索、实地调查等,以及准备考试或参加考试,40 个名义学时相当于 1 个学分。马来西亚职业教育与培训资历框架有 3 个等级,要获得职业技术证书需要完成 60 个学分,获得文凭需要完成 90 个学分,获得高级文凭则需要在获得文凭的基础上再修 40 个学分
柬埔寨	一学期的学习量接近 15~18 个学分,最多不超过 21 个学分,要获得职业技能证书需要获得 30 个学分,获得技术和职业证书一级、二级和三级都需要各 30 个学分,而获得高级文凭或技术副学士学位则需要 60 个学分,技术教育学士学位需要 120 个学分

从表 2.3 可以看出,所有职业教育与培训资历框架下的资历或证书都由基于学习量的学分来评定,1 个学分一般等于 10 个小时的学习量,学习量的获得来自各类学习活动,如上课、辅导、讲座、实践操作、实验、测验、信息检索以及实地调查等。要获得不同的资历证书,需要获得不同的学分。学习者可以根据资历等级学分要求大致预测需要多长时间才能达到预期的资格。通过学分和学习量进行学习成果的量化计算,不仅方便了对学习者正规教育、非正规教育和非正式学习的学习成果进行积累、认证和转换,也使学习者进行跨国或跨区域的资历互认成为可能。

第三节　讨论和启示

职业教育与培训资历框架的建立与实施已经成为世界教育发展的趋势,职业教育与培训资历框架为各类学习者特别是学校后的成人和在职学习者提供了个人发展的二次机会,给予了学习者再次成才、升华的可能,有利于促进人的全面发展,为经济社会发展创造价值,更能够真正实现人的本真和价值。职业教育与培训资历框架建立的必要性和重要性也促使利益相关者对资历框架建设的探索,但从国际职业教育与培训资历框架的比较可以看出,各个资历框架既有共性也有差异。如何在共性中寻求平衡,在差异中找到本国本地区的切入点,是各国建立职业教育与培训资历框架的发展方向。基于国际职业教育与培训资历框架的比较,对我国职业教育发展有如下建议。

一、协调多方参与,构建特色化的职业教育与培训资历框架

职业教育与培训资历框架的建立具有复杂性和系统性,在国际上没有统一的模板和照搬的样本,必须根据本国国情规划和设计建设和实施路径,见图 2.1。职业教育与培训资历框架的建设应该首先从供给侧和输出侧入手,做好前期需求分析和调研论证,既重视本土已有实践探索,也参考国际已有经验。职业教育与培训资历框架建设与实施需要顶层设计,应从国家立法和管理层面入手,制定具有本国特色的职业教育与培训资历框架的级别指标和能力标准,对资历进行官方注册,建立良好的内外部质量保证体系和学分体系,及时提供信息指南并纳入对过往学习成果的认证。职业教育与培训资历框架的建立与实施需要众多利益相关方的参与,政府机构、科研院所、行业企业、协会与个人等都应深入参与其中,方能保证资历框架的可行性。职业教育与培训资历框架学习成果认证的核心是以成效为本,只有以成效而不是以过程与投入来计算资

历,才能保证资历互认的透明与公平。职业教育与培训资历框架在不同行业有不同体现,因此还需要建立与资历框架对应的行业能力标准。职业教育与培训资历框架属于国家资历框架的一部分,其最终目的是实现与本国各级各类教育资历的纵向衔接和横向沟通,并与区域和国际资历框架进行对接。职业教育与培训资历框架是动态发展的,需要周期性地进行评估与复核,并进行及时修正和完善。

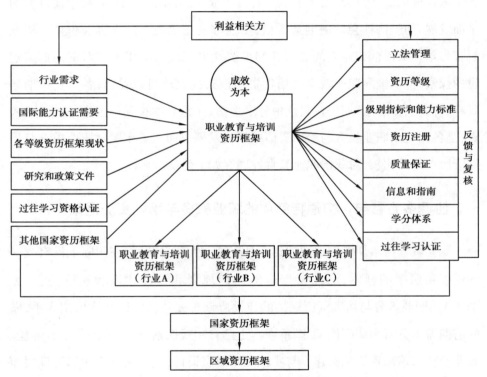

图 2.1   职业教育与培训资历框架建设与实施路径

二、发挥职业教育与培训资历框架的作用,助力可持续发展目标和教育现代化

联合国《2030 年可持续发展议程》提出的 17 个可持续发展目标中有 5 个目标与提高儿童、青年和成人的教育质量有关,其中的教育可持续发展目标

（SDG4）更明确提出了"全纳、公平的优质教育，促进全民享有终身学习的机会"。针对联合国 2030 年教育发展蓝图和我国经济社会发展需要，国务院印发了《中国教育现代化 2035》文件，强调要办好公平优质教育，通过教育现代化支撑国家现代化。职业教育与培训的教育对象覆盖面广，包括学习者学校前和学校后的全过程教育，为学习者自我能力彰显和自我价值实现提供了可能，为构建全民终身学习体系和满足现代经济社会发展提供了动能，是世界各国教育决策者的优先选择和聚焦要点。要提高职业教育与培训的质量和认可度，资历框架是核心，发挥着桥梁和支点的作用。资历框架可以增强职业教育与培训的相关性和灵活性，使学习者随时可学、随处可学、想学就学，在不同场景、不同场所获得的学习成果都能得到认证；资历框架可以提高职业教育与培训体系的透明度，为不同形式下获得的学分进行积累、认证和转换提供了可能，与不同教育类型的资历进行对接提供了标尺。此外，职业教育与培训资历框架对资历的跨境认证，使劳动者和学习者的流动有了积极意义，让世界人才得以流动。从某种意义上来说，提高资历的透明度、对比性和可转换性是职业教育与培训实现教育可持续发展目标以及教育现代化的关键要素。

三、接轨国际职业教育，构建完整的职业教育与培训体系

从国际上的职业教育与培训资历框架的先行经验可以看出，职业教育与培训是独立而完整的教育类型，在等级上包括从初级证书到高级证书，从中等职业教育到高等职业教育，在学历上可以拓展到硕士和博士。这种教育的完整性提升了职业教育与培训的社会教育地位，消除了"低层次"和"蓝领型"教育类型的长期误解，不仅有利于学习者的正确自我认知，也有利于职业教育与培训在社会上的公平认证，以及与普通教育和继续教育的衔接与互认。我国虽然是职业教育大国，但职业教育主要包括中等职业教育和大专层次的高等职业教育，应用本科层次的职业教育也往往以民办教育为主，而后者更趋向于坚持传统大学办学思维，导致职业教育的社会地位不高、教育类型发展的"断头"，教育

提供者和受教育者容易产生错误的价值判断。因此,有必要分步分阶段地完善我国职业教育的类型体系,将学历层次在保证质量的基础上逐渐提高到硕士和博士层次。此外,我国现有职业教育体系主要以正规职业教育为主,但随着市场化和新兴互联网技术的发展,培训行业兴盛,各类社会培训成为重要的后职业教育形式。遗憾的是,我国社会培训往往被列入"非正规""非正式"的教育类型,更多地被标注"营利性"和"非标准"标签,发放的培训证书或资格证书也无法与正规职业教育进行对接。这一方面与国际社会脱节,因为国际社会对职业教育的全称往往是"职业教育与培训"(Vocational Education and Training),而有别于国内对"培训"的忽视;另一方面,也不利于发挥社会力量办学的优势,难以满足全民学习的多样性和广泛性需求,阻碍了全民学习和学习型社会建设。因此,我国新时代的职业教育应充分考虑和纳入社会培训,在官方提法中应正式采纳"职业教育与培训"的称谓,强调社会培训的作用和地位。更为重要的是,应充分利用职业教育与培训资历框架,打通正规职业教育和非正规培训之间的通道,实现正规职业教育、非正规社会培训和各类非正式职业学习之间的横向沟通和纵向衔接,构建新时代的职业教育与培训体系。

四、立足成效为本,建立职业教育与培训质量保证框架

职业教育与培训资历框架资历等级的定义、划分和量化的基础是学习成效,这也是资历框架建设和后期运作的基础和关键。学习成效是判断和评价资历的唯一标准,通过学习成效和学习成果来判断学习者应该获得的资格证书,比以往以学习时间、学习投入、学习内容等标准更为科学,这也是联合国"教育2030"目标推进的重要原则。但是,成效为本的一个重要前提是质量,没有质量保证难以获得良好的学习成果,没有质量保证也无法使职业教育与培训的资历与其他类型的教育进行公平的认证和衔接,也会影响基于资历框架的跨国人力流动。为保证职业教育与培训的质量,国际上往往会发布与资历框架配套的职业教育与培训质量保证体系,而质量保证体系不仅覆盖国家层面,甚至会覆盖

跨区域的职业教育与培训质量参考框架。例如,欧盟在 2003 年建立了《职业教育与培训共同质量保证框架》,提出了质量保证的共同原则、指导方针和使用工具;2008 年,欧盟发布了欧洲资历框架,为契合资历框架对职业教育与培训的要求,对《职业教育与培训共同质量保证框架》进行了修订和完善,旨在进一步改进与提升欧盟各成员国职业教育与培训质量。东盟于 2012 年联合制定和发布了《东亚峰会职业教育与培训质量保证框架》,覆盖东亚 18 个国家,提供了一整套质量保证的原则、指引和工具,目的是促进和监测东亚各国职业教育与培训质量保证体系的改进,促进成员国之间的合作和相互了解,推动区域内和跨区域的教育和培训发展。基于国际经验,我国应该建立以学习成效为基础的职业教育与培训资历框架,并同时建立相应的职业教育与培训质量保证机制和认证体系,从而真正提高我国职业教育的质量和社会满意度。

通过职业教育与培训资历框架提升职业教育与培训的体系化和现代化已经成为全球教育发展的趋势。基于成效为本的职业教育与培训资历框架为建立多种形式的学习成果认证机制,畅通不同类型学历教育与非学历教育、校内教育与校外教育之间的转换通道,促进优质教育资源开放共享具有重要意义。但是,职业教育与培训资历框架的建设涉及立法管理、成效为本的课程体系建设、过往学习认证、利益相关者参与等多个方面,因此,针对职业教育与培训资历框架的建设还需要开展后续理论研究与实践探索。

第三章

3

美国资历框架的发展范式和特征解析

【本章导读】建立资历框架以应对知识经济社会发展和教育全球化挑战已成为世界各国的普遍战略选择。传统的资历框架建设一般采用"自上而下"的教育政策议程设置模式，由国家政府主导通过立法推动资历框架的建设与实施，但作为联邦制的美国则另辟蹊径，采取"自下而上"的方式由私立基金会推动美国资历框架(CF)的建设。美国资历框架基于成效为本理念，充分吸纳和借鉴了国内外资历框架的发展经验，兼具国际化主体共性和本土差异化特色，被称为第四代资历框架的典型代表，其发展模式对正在建设资历框架的国家提供了新的路径参考和发展启示。

　　建立终身教育资历框架已经成为世界各国教育发展和变革的趋势，是知识经济社会和教育全球化背景下提升国家经济竞争力和吸引跨国技能人才流动的重要战略举措。资历框架的建设最初主要见于单一制国家，如南非、英国、法国、新西兰等，国家或地方政府基于经济社会发展需要，通过"自上而下"的方式颁布教育政策法令，以官方行政的手段推进资历框架的建设和实施。"自上而下"的教育政策议程设置模式已经成为全球150多个国家或地区建立和实施资历框架的普遍选择，包括后来建立资历框架的联邦制国家，例如澳大利亚、俄罗斯、印度、德国等也普遍采用了这一发展模式。作为联邦制和高度强调私有化与去中心化的美国则另辟蹊径，采取"自下而上"的方式，由民间私立教育基金会牵头组织，于2015年推出了美国资历框架(American Credentials Framework，CF)。美国资历框架虽然并非源自国家政府颁布的政策条例，但仍然获得了美国各州政府和教育机构的广泛认可，并被认为是应对美国经济社会发展挑战，提高美国教育质量的重要举措。美国资历框架的建立是国际成效为本教育理念盛行和终身教育资历框架发展趋势助推的结果，其功能价值和组织架构与欧洲、亚洲等其他区域内国家的终身教育资历框架类似，核心目标导向是提升美国各级各类教育学习成果的透明度、可比性和可移植性，促进学校教育和劳动力市场之间的无缝链接，提高各种教育类型的质量。目前，国内对美国资历框架的研究甚少，甚至有误解认为基于联邦制的美国没有建立资历框架，甚至不可能建成资历框架,因此有必要对美国资历框架的发展历程和主要特征进行探析,以加深对美国现代教育体系的认识和了解,并为我国建立国家资历框架提供路径参考。

第一节　美国资历框架的建设背景和发展历程

资历是描述个人获得的知识、技能和能力的一种正式的学习成果凭证,包括证书、文凭和学位等,国际上的通用语是"Qualification"。而资历框架是一个连续的被认可的资历阶梯,为普通教育、继续教育、职业教育和企业培训之间的衔接和沟通,为正规教育、非正规教育和无一定形式学习所获得的学习成果的认证提供标准和准则。资历框架的英语用词是"Qualifications Framework",通常被简写成 QF,但在美国,"资历"的对应用词是"Credential",因此美国的资历框架"Credentials Framework"通常被简称为 CF,从语义上而言,QF 与 CF 二者在概念内涵上是完全一致的(Lumina Foundation,2014)。

美国资历框架建设的动因主要源自美国高等教育资历类型的多样化和复杂化,从课程徽章、技能证书到 2~4 年的文凭和学位构成的庞杂而又多层次的教育资历体系,给学生、雇主、教育提供者和政策制定者带来了巨大挑战,造成学习者在获取职业发展所需的技能证书过程中遇到诸多障碍,企业雇主在寻求具有全球竞争力的技能人才时也逐渐对某些资历的实际价值失去了信任,政策制定者也对在多元学习环境中获得高质量的教育资历表示担忧。据统计,在过去 30 年,由美国高等教育机构和社会教育培训提供者发放的各类资历在数量上增长了 800%,与此同时,由行业组织颁发的各类资历在数量上也大幅增加,而在线教育的迅速增长和新兴资历如徽章、MOOC 课程证书等的出现进一步加重了这一现实问题。此外,各类资历的认证过程不够规范,并缺乏监督。据统计,美国有 4 000 所资历认证颁发机构,但接受过第三方机构评估和监督的不到 10%(Lumina Foundation,2015)。为了提高资历的实用价值和减少个人与雇主的资源成本,需要一个"共同语言",即统一的资历框架,以便于利益相关方对不同类型的资历进行学分值和适用性的比较。

美国是联邦制国家,《美国宪法第十修正案》规定"凡本宪法未授予联邦或未禁止各州行使的权力,皆保留给各州及其人民",因此各州都拥有自己的教育话语权,颁发的教育政策和编制的具体教学内容与评价标准彼此差异很大,要从国家政府层面统一发布资历框架困难重重。借助民间组织力量,采取"自下而上"的教育政策议程设置模式建立资历框架成为符合美国国情的合理路径选择,而承担这一历史使命的是美国的卢米纳基金会(Lumina Foundation)。卢米纳基金会是美国最大的教育基金会,多年来致力于实现国家进步和经济发展所需的关键教育目标,提出到2025年,要使美国60%的人口拥有大学文凭或其他高质量的高等教育证书,并且文凭和证书能够体现真正的知识技能学习,可以满足学习者在工作和生活场景中的需要。2010年,卢米纳基金会为美国制定了针对高等教育的学历资历框架(Degree Qualifications Profile,DQP),基于成效为本的理念帮助美国重构公平、易入、灵活和负责的高等教育体系,以保证学生在学习生涯过程中可以接受高质量的教育,但美国的学历资历框架只是一个单一类型的资历框架,无法满足多种教育类型之间互联互通的需要。

2014年,卢米纳基金会基于终身学习理念开始筹备开发针对美国整个教育体系的综合资历框架。卢米纳基金会组织了来自美国技术工人协会(the Corporation for a Skilled Workforce,CSW)、法律与社会政策研究中心(the Center for Law and Social Policy,CLASP)以及众多教育机构和行业的专家,根据行业既定资历认证情况确定了跨行业资历认证模式,联合开发了美国资历框架(Lumina Foundation,2015)。美国资历框架综合了来自大学、企业、认证部门和政策机构的意见,开发人员在资历框架开发过程中仔细研究了美国国内以及国际上已经建立和实施的各种类型的学习成果认证框架,并强调美国资历框架的开发要与美国的现有教育计划和认证措施保持一致,包括卢米纳基金会在2010年开发的学历资历框架,美国的图灵计划(Tuning Initiative),美国国家工商业网络协会（National Network of Business and Industry Associations）开发的就业技能框架（Employability Skills Framework）。美国资历框架充分吸纳了现有教育政策举措中的概念和术语，尝试使用可被行业企业、学习者和教育者理解和接纳的语言，并根据资历框架预先制定的数十种专门教育学历证书、学位证书和行业认证标准，测试了资历框架的可行性。2015 年，美国资历框架正式推出，被认为在促进教育的透明度、可比性和连通性，以及保证在正式和非正式学习中获得高质量的学习成果证书方面具有重要意义。

美国资历框架是能力导向的全国性学习成果认证框架，聚焦于美国中学后教育和培训的资历，被视为学习者自给自足、公民广泛参与、家庭幸福水平提升以及地方和国家经济增长的催化剂，意在实现以下教育资历发展目标：第一，透明性，确保教育培训利益相关方了解任何形式的学习成果，厘清对应资历的含义并支持其学习成果评估；第二，可比性，支持利益相关方比较相似或不同教育培训资历的价值；第三，移植性，支持不同资历之间的学分转换，并支持跨机构获得的学习成果的认证；第四，联通性，担负链接证书、行业资格证、执照、徽章等各种学位和非学位资历的认证系统，帮助学生生涯发展（CEDEFOP，2017）。

第二节　美国资历框架的能力标准和资历等级

美国资历框架有两个能力标准维度，分别是知识和技能，而技能又分为专业技能、个人技能和社会技能，但能力是知识和技能的共同参照基准，表示学习者知道什么和能够做什么，被定义为美国资历框架的关键术语，在资历框架实际运行过程中，反映了一个人习得和应用知识与技能的能力，可以帮助理解以及比较学位、资格证书、行业证书、许可证、学徒资历、徽章和其他各种类型证书的知识和技能的等级和水平。能力在行业和学术领域可以被广泛理解，并在多种情况下付诸应用，使其成为检验资历的有效方式。美国资历框架侧重于应用能力，补充阐释知识和技能，其中，学习领域的"知识"根据深度和广度进行描述,而学习领域的"技能"根据类型和复杂性进行界定,包括认知、沟通、人际和实践技能,而技能又细分为专业技能、个人技能和社会技能,见表3.1。

表3.1　美国资历框架的能力标准维度

能力标准维度	能力标准维度描述	
知　　识	知识描述学习者知道、理解和展示的内容,按照深度和广度进行描述	
技　　能	技能描述个人应用知识、完成任务和解决问题的能力,涉及使用逻辑、直观和创造性思维	
	专业技能	批判性思维和判断,综合应用,系统思考
	个人技能	自主性,责任,自我意识和反思
	社会技能	沟通,参与,团队合作和领导力

资料来源:Lumina Foundation，2015

基于能力标准维度,美国资历框架的组织架构包含8个等级,而每个等级的具体指标描述主要针对学习和工作中4个维度的等级和能力要求,分别是适应性、范围、复杂性和选择性,见表3.2。美国资历框架各个等级都强调了知识和技能的互补性,并为资历对接提供了总体指南,8个等级在实践中与美国教育和培训体系中现有的主要学历体系层级是彼此相关的。

表3.2　美国资历框架的等级指标描述

等级	等级指标描述
1	展示基于直接监督或指导,在高度结构化的研究或工作领域完成有限的工作或任务的基本能力
2	展示在总体引导或指引下,在结构化的研究或工作领域完成技术、常规任务的基本能力
3	展示处理定义明确的技术任务的能力,这些任务低结构化,包括非常规任务,但具有一定程度的复杂性,分配于综合的研究领域或职业活动中,具有一定的动态变化性,主要服从于整体监督或指导

续表

等级	等级指标描述
4	展示在综合研究领域或可能发生变化的职业环境中处理专业和复杂任务的能力,需要基于理论知识和实践技能选择适当的规则和程序,并可能涉及全面监督
5	展示在复杂而又专业的研究领域或易变的职业活动中完成综合任务的高级能力,需要能够选择和应用适当的理论知识和实践技能,以在更广阔的背景下执行技术任务
6	展示在研究领域的子领域内或在高度复杂和频繁变化的职业活动中处理综合任务和解决突出问题的熟练能力,需要高度的理论知识和实践技能
7	展示在科学领域或以频繁和不可预测变化为特征的职业活动中处理新的和复杂的专业任务和进行问题设置的能力,需要在各种背景下阐明主要理论和先进专业知识、研究方法和方法的应用
8	展示在科学领域获得研究成果的能力,或在职业活动领域内,高度复杂和新颖的问题情境中,开发创新解决方案和程序的能力,需要具备广泛的战略科学思想和采取创造性行动的能力

资料来源:Lumina Foundation,2015

不得不指出的是,尽管美国资历框架和美国学历资历框架具有类似目标定位,都强调从学习成果认证的视角提高资历的透明度、可比性、可移植性和质量,但它们的总体功能价值导向是彼此不同的。美国学历资历框架主要基于高等学历教育背景,提供学生在学习领域应该知道什么和能够做什么的参照基准,以满足高等教育领域中副学士、学士和硕士学位的认证要求。美国资历框架的设计初衷和实践导向是建立综合资历框架,旨在为学习者、雇主、测验与评估人员提供一套完整的综合解决方案,以了解不同类型的资历,包括学位、行业资格和证书所代表的能力和学习成果的水平和等级。

第三节 美国资历框架利益相关者的参与

美国资历框架的建立吸纳了美国国内和国际上教育和培训领域现有资历框架相关的专业知识和术语,同时接受了来自大学、行业、认证鉴定机构以及政策组织提供的建议,教育和行业代表委员会也通过讨论、谏言等方式参与行业资历认证和跨部门认证模式的制定和确认,为美国资历框架的建设做出贡献。高等教育的主要利益相关者,如联邦政府和州政府、教育提供者和雇主,则直接参与了美国资历框架的具体开发过程,目的是能够在学习成果透明度和可移植性方面创建美国特色的互信融合领域,从而吸引越来越多的教育利益相关者的加入。美国正在开展资历框架所有的术语和资历类型证明的试验性对接,以检测资历指标描述符、等级和能力标准的有效性和适用性(Adelman,2009)。

美国资历框架有可能作为美国国家资历框架(National Qualifications Framework,NQF)推行实施,尽管目前还未得到官方正式承认。美国教育劳工部(US Departments of Education and Labour)将负责督查美国资历框架在教育领域和劳动力市场的实施成效以及利益相关者的接受程度。美国资历框架的后期实施主要包括4个工作向度:一是归类整理所有形式的资历,以评估美国资历框架的应用对现有资历体系运作的正面影响,鼓励对资历的进一步拓展和进行积极的认证,以检验资历初始设计和决策的有效性;二是召集技术团队评估资历框架的内部组织架构,团队成员包括教育心理学家、教学设计人员、人力资源专家、专业开发人员和国际资历专家等;三是进行概念检验,在真实场景中对资历框架进行评估和改进,实践应用工作将帮助资历的认证识别,以促进资历框架的有效性并提供确认和解决技术逻辑问题的路径;四是通过国际交流对话改进资历框架,卢米纳基金会先后发起与40多个合作伙伴组织的对话,争取获得更广泛利益相关者意见的机会。

第四节 对非正规教育和非正式学习的认证

早在 2005 年,美国政府教育委员会(US Government Commission on Education)就提出学生必须在教育层次上有清晰的发展路径,大学应该消除学生流动的障碍和促进应用新的学习范式,例如远程教育、成人教育、职场教育等,以满足美国学生群体的多元化需要。清晰的学习成果认证以及教育职业发展路径,可以激励学生的学习注册登记并帮助其坚持课程学习以提高个人学历,但美国学历学位所需的学分数量因教育机构和联邦州的不同规定而存在差异,学生从一个教育机构获得的学习成果到另外一个机构获得学分认证的机会仍然有限。因此,美国高等教育和学术机构面临着越来越大的压力,被不断要求对学历的提升和质量负责(Bird et al.,2011)。此外,有研究表明,学习者通过非学分形式的中学后教育所获得的能力对劳动力市场有更大的价值,在许多社区学院,越来越多的学生参加非学分教育而不是正规职业教育与培训的学分课程(Noy et al.,2008)。畅通学习者终身学习的通道,链接学校教育与劳动力市场的现实需求,从客观上呼吁美国采取过往学习认证的相关举措。

美国的过往学习认证(Prior Learning Assessment,PLA)在过去主要见于高等教育领域,但并不基于学习者的主动行为,而是通过考虑学习者先前的工作学习经验,为已经获得认证的学习者分配学分。在过去几十年里,美国过往学习措施已经成功应用于成人学习者,并为大量学生提供了过往学习认证的机会(Bamford-Rees,2008)。走在前沿的组织机构包括美国教育委员会(American Council on Education,ACE)和社区大学委员会(Community College Board,CCB),而该领域的主要合作伙伴包括成人和经验学习理事会(the Council for Adult and Experiential Learning,CAEL)、雇主、劳工组织和区域认证委员会,但在美国高等教育机构中,过往学习认证举措主要针对重返学校的成年学习者以及新就业、失业中和未充分就业的工人。

从某种意义上而言,美国已经拥有完善的非正规教育和非正式学习认证体系,可以评估非正规教育和非正式学习的学习成果,而正式和标准化的评估方法包括衡量通过四年制学校课程获得的学术技能和知识的测试。非正式的过往学习认证方法包括个性化的学生档案和非学分教学的课程评估。在过往学习认证的应用程序中,特别强调档案的重要性,大多数过往学习认证机构要求学生必须在特定模块、课程内容或学习成果中建立自己的学习档案。具有一定的灵活性是学习模块认证的固有特点,例如有些机构授予学生跨学科知识集群学习成果的学分。美国资历框架的发布意味着为识别过往工作学习经验建立了更有效的参考工具,为学习者提供了清晰而又透明的发展路径,可以确保全民进行高质量的学习,并与劳动力市场的需求保持一致。

第五节　美国资历框架的国际对接

美国资历框架的发展源自全球建立和实施终身教育资历框架的总体趋势。在美国资历框架的开发和实施过程中,研究人员采用了教育提供者、雇主和学习者都可以理解和接受的国际通用语言。通过对欧洲区域内正在实施的资历框架的开发理念和组织架构进行比较,发现美国资历框架与欧洲资历框架有很高的相关度,而欧洲资历框架是为欧洲成员国提供资历对比的区域资历框架,是各国资历框架对接的参照基准。联合国教科文组织在对全球资历框架开展的调查报告中将美国资历框架划归为最先进的第四代资历框架,称其学习领域指标描述符的概念界定清晰,资历框架的组织架构覆盖了非学分和非学位证书,在最广泛的意义上可以理解为兼具质量保证和学习成果认证的双重功能(Keevy et al.,2015)。

美国资历框架所具有的国际共性为其快速建立和跨国对接提供了经验基础,但其独有的建设路径和本土特色更彰显了国际资历框架建设的普遍差异性。由于世界各国不同的国情,每个国家的资历框架都具有自己独有的特征,以符合本国经济社会发展的要求。联合国教科文组织（UNESCO）、欧洲培训基金会（ETF）和欧洲职业培训发展中心（CEDEFOP）于2015年开展的国际联合比较研究表明，世界各国资历框架从建设理念到组织架构都存在差异性，包括资历框架的能力标准维度、等级级别、资历指标、关键术语、组织管理、功能定位等，与此同时，它们在是否包括非正规教育和非正式学习或学分转换体系方面也存在着差异，有些资历框架，例如苏格兰学分资历框架比其他资历框架受到更多监管，而德国资历框架更多地作为教育和培训体系的发展导向（CEDEFOP，2017）。

第六节　美国资历框架的启示

美国资历框架的建设兼具国际共性和本土特色，其发展模式选择独辟蹊径，对全球资历框架的认识提供了新的视角，对正在建设国家资历框架的国家，包括我国提供了路径参考和发展启示。

一、资历框架建设是对知识经济背景下国家教育挑战的回应

在知识经济时代，经济建立在知识和信息的生产、分配和使用基础之上，知识信息和技术成为推动经济发展最重要的因素，而知识信息和技术发展靠创新、靠人才，就此而言，知识经济是以不断创新为灵魂的经济，是以人才为核心的经济。在知识经济背景下，需要更加开放、灵活、共享和全纳的优质教育的持续供给，这也给传统教育体系带来了巨大挑战。以美国为例，在知识经济时代，美国高等教育面临5方面的挑战。第一，美国成人获得高等教育比例偏低。在过去40年，美国只有40%的成年人获得过两年或4年的大学学位，而其他经济合作与发展组织（Organization for Economic Cooperation and Development，OECD）国家的成年人学位获取比例超过50%。第二，劳动力市场对教育供给提

出更高需求。2018年,美国大约三分之二的工作岗位要求就业者至少接受过高等教育或培训,虽然美国每年有超过770万的公民参加过非学分课程学习,但并未得到认证。第三,教育提供者的多样性。美国副学士学位以及中学后职业教育与培训是美国教育系统多元化的重要组成部分,由广泛的教育提供者组成,包括公立的两年制和四年制大学、营利性学院、大学和培训课程,以及人力资源管理合作机构。在国际上,中学后的职业技术教育,被归类为高等职业教育与培训(Advanced Vocational Education and Training, VET),但在美国却主要属于社区教育,而在美国高等教育体系中,社区大学、四年制大学和综合大学的全国学术学位标准并不存在。第四,各类资历价值不同和不可移植性。虽然副学士学位通常是可移植的,可以链接更高层次的高等教育证书,但这种可移植性是非常有限的,取决于教育机构之间的资历衔接和转换制度,以及它们在劳动力市场的认同价值,特别是雇主对招聘和晋升的要求。而另一个类似的问题是,在劳动力市场上具有不同价值的非学历课程,其中有些课程是没有学分的,有些是行业认证和许可的,还有一些是由政府、企业雇主和其他教育培训提供者提供的,包括各种技术认证、学徒培训、成人教育、工人就业准备培训等。第五,缺乏职业资格证书的共同定义和标准,特别是与中等技术工作相关的标准,对资历在劳动力市场中的价值以及相关性产生了相当大的混淆(Bird et al., 2011)。美国资历框架的建立正是对上述挑战基于教育政策制度视角做出的积极回应,对解决美国目前劳动力市场与教育供给不匹配的问题具有现实意义,也是世界各国在知识经济社会背景下共同面临的难题和实践的最佳举措。

二、资历框架的建设可以选择不同的教育政策议程设置模式

教育政策议程设置模式根据民众参与程度(低或高)和议程提出者(决策者、智囊团和民间)可以分为6种模式:关门模式、动员模式、内参模式、借力模式、上书模式和外压模式(表3.3)。全球已经建立资历框架的国家和地区普遍采用了关门模式或动员模式,由国家政府或教育主管机构"自上而下"地颁布法

令和条例,确定资历框架的等级和能力标准,制定成效为本的课程标准和学分体系,建立内外部质量保证体系和过往学习认证机制,从国家宏观层面推动资历框架的建立和实施。美国是联邦制国家,各个联邦拥有相对独立的教育决策权,与此同时,美国属于个人主义文化国家,强调个人意志的体现和个体文化诉求的表达,因此,美国并没有直接采取"自上而下"的方式建立和推行资历框架,而是采用"自下而上"的借力模式和外压模式,借助私立教育基金会,通过参考欧洲资历框架的核心要素,并广泛征求国内利益相关方的意见,建立了具有本土特色的美国资历框架。其直接好处是可以避免美国联邦制下各州之间教育权力的制衡,为美国终身教育资历框架建设探索出了一条成功的"不同寻常路",为正在建设或即将建设国家资历框架的国家提供了新的路径参考。

表 3.3　教育政策议程设置模式

项　目		议程提出者		
		决策者	智囊团	民　间
民众参与程度	低	Ⅰ关门模式	Ⅲ内参模式	Ⅴ上书模式
	高	Ⅱ动员模式	Ⅳ借力模式	Ⅵ外压模式

资料来源:王绍光,2006

三、资历框架建设应该兼具本土化的差异和国际化的主体共性

资历框架为经济社会和教育发展中的众多技术问题提供了解决方案,对其功能价值已经形成了广泛共识,但不得不承认的是至今没有一个公认的资历框架建设模板,可以适用于解决资历框架建设过程中遇到的所有技术问题,而这其中最主要的原因是资历框架本身的差异性。首先,资历框架类型各不相同,有覆盖所有教育类型的综合资历框架,例如南非国家资历框架、澳大利亚资历框架、奥地利国家资历框架等;有只包括一种教育类型的资历框

架,例如尼泊尔国家职业资历框架、巴基斯坦高等教育资历框架、智利高等教育资历框架等,还有提供区域对接的资历框架,例如欧洲资历框架、东盟资历参照框架、南部非洲发展共同体资历框架、太平洋资历框架等。其次,各国资历框架的资历等级和能力标准存在显著差异,例如印度尼西亚职业教育与培训资历框架分为9级,其能力标准维度包括伦理和道德、工作能力、知识理解、自主性和责任,而菲律宾的职业教育与培训资历框架只有5级,能力标准维度包括知识、技能、价值观、应用和独立性(谢青松,2019)。最后,即使是相同名称的术语,其表达的意义也有可能不尽相同,例如爱尔兰国家资历框架定义能力为"能够做什么",而德国从一个更广的视角将能力定义为知识、技能和个人社会能力和自主性。

但资历框架又具有国际主体共性。首先,原始意义上的资历框架相当于"分级分类工具",用以供各级各类的资历进行横向衔接与纵向沟通,这种理念最早见于手工行业。在过去几个世纪,很多国家的行业协会拥有对行业内技能等级进行划分和界定的权利,以利于劳动价值的合理分配和公平社会关系的维护,而大学也基于该理念开发了相应的资历等级制度作为国内或跨国学历过渡与衔接的工具。因此,资历框架的第一共性就是其存在于不同资历体系之间的"立交桥"功能,也是所有资历框架的本质共性。其次,现代资历框架具有内涵发展共性。现代资历框架发展的显著特征是国家政府的参与,世界各国为应对知识经济社会和全球化的挑战,重视开发包括不同教育培训类型的综合资历框架,覆盖普通教育、职业教育和高等教育(谢青松 等,2019)。再次,现代资历框架的发展往往基于终身学习理念。各国普遍重视正规教育以外的非正规教育和非正式学习,覆盖工作中的学习和闲暇学习,已经超越了原始"分级分类工具"的概念,通常被描述为"有愿景的工具",其目标是对彼此不再关联的资历进行重新定义,因此,现代资历框架对当前教育培训的传统做法提出了质疑,挑战了已有的职业和行业的利益,而建立资历框架也不仅仅局限于遵循一套技术逻辑,更是创造了一个平台,提供了跨机构、跨领域对话交流的平台。最后,资历框架的建设和实施过程具有目标导向共性。资历框架的建设和实施需要在头脑中拥有清晰的目标导向思维,没有清晰的思路和对资历框架开发的良好理解,资历框架的建设和实施将会漫长遥远,并且也费时费力。

4

巴基斯坦国家职业资历框架分析与启示

【本章导读】建立各级各类学历和证书互认与衔接的资历框架是巴基斯坦推进经济社会发展和职业教育改革的重要战略举措。巴基斯坦国家职业资历框架的建设、实施和运行具有体系化、本土化和国际化特征。通过探析巴基斯坦国家职业资历框架的资历级别、学分体系、能力为本的课程体系、质量保证体系、过往学习成果认证、立法与管理和国际对接举措,对我国国家资历框架在职业教育领域发展有4方面的启示:第一,大力推动职业教育资历框架建设,完善我国职业教育体系;第二,链接"1+X"证书制度改革,建立整体性的职业教育资历框架;第三,坚持职业教育资历框架建设的开放性,尊重历史经验和人类智慧;第四,加快职业教育资历框架建设步伐,助推"一带一路"倡议。

巴基斯坦全国总人口1.97亿,但60%的人口年龄在30岁以下,拥有丰富的人力资源。建立国民信任和国际认可的职业教育与培训体系,发挥人口红利在振兴经济中的作用是巴基斯坦必须做出的战略决策。为推动职业教育与培训体系改革,巴基斯坦联合本国利益相关方,推出了多项改革举措,而国家职业资历框架建设是其中重要措施之一,其目标是实现职业教育与培训的优质化、市场化和国际化。巴基斯坦国家职业资历框架的建设吸纳了欧洲资历框架的建设经验,同时又兼具本国特色,对推动巴基斯坦职业教育与培训的学习成果同普通教育进行衔接,提升国民整体素质起着积极作用,其框架体系的整体性、包容性、国际性、本土性和先进性值得借鉴和学习。本书拟通过探析巴基斯坦职业教育资历框架的建设背景、历程和结构体系,加深对巴基斯坦职业教育的认识,助推中国和巴基斯坦人力资源的互通和流动,同时辩证性地"拿来"巴基斯坦职业资历框架建设和实施的经验,为我国建立职业教育领域的国家资历框架,完善我国现代职业教育体系建设提供策略参考。

第一节　巴基斯坦国家职业资历框架建设背景和历程

资历框架建设的历史可以追溯至 20 世纪 80 年代末期,但其在世界范围内的真正兴起却是在 21 世纪初期,引发这一"兴起"的来源是"博洛尼亚进程(1999—2010)"(Bologna Process),其核心目标是整合教育资源,打通教育体制,实施一个共同教育体系框架,建立可以比较的学分体系和学位体系,促进师生、学术研究人员和劳动力的跨国跨区域自由流动。随后 2010 年发布的《欧洲教育部长布拉格宣言》(*Prague Declaration of the European Ministers of Education*)增加了大学提供的本科和研究生学历相互承认的目标,呼吁提高各级教育的教学质量,并制定和实施各国资历比较制度。至今,全世界 100 多个国家已经采纳了博洛尼亚进程,并根据共同商定的标准改革本国教育体系,制定了国家资历框架,覆盖各级各类教育之间的资历衔接与互认,包括基础教育、中等教育、职业教育以及高等教育(HEC, 2015)。巴基斯坦深受博洛尼亚进程和欧洲资历框架建设的积极影响,早在 2009 年,巴基斯坦高等教育委员会(Higher Education Commission, HEC)就开始制定高等教育资历框架,并采取必要措施,在全国范围内开发和实施资历框架的工具,覆盖了全国所有高等教育委员会管理的公立和私立教育机构。

国家资历框架在职业教育领域的政策规划最早可见于巴基斯坦《国家技能战略(2009—2016 年)》(*The National Skill Strategy 2009—2016*)。《国家技能战略(2009—2016)》明确提出了巴基斯坦职业技术教育与培训体系的具体改革目标,包括制定和实施巴基斯坦国家职业资历框架,其政策出台背景是巴基斯坦政府逐渐认识到经济发展受到限制,主要是因为当前职业技术教育体系培养的人才无法满足经济发展对技能人才数量和质量的要求,大量缺乏经济增长所需要的技能人才。2011 年,巴基斯坦国家职业技术培训委员会(National

Vocational and Technical Training Commission，NAVTTC）启动了职业技术教育与培训改革，在与学术界、工业界、商会、贸易协会、专家以及联邦和省政府协商后开始制定巴基斯坦国家职业资历框架（National Vocational Qualifications Framework，NVQF），其主要目的是为学习者提供学历、文凭、证书等各类资历的纵向衔接和横向沟通，确保培训课程供给的质量，并从供给主导和时间投入转向需求驱动和基于能力的培训。

巴基斯坦国家职业资历框架草案于 2013 年完成，在 2014 年 6—11 月举行了多轮会议磋商，吸纳了众多反馈意见。2015 年，巴基斯坦正式发布了国家职业资历框架，并在职业教育与培训机构引进了能力为本的课程体系。经过两年的实践，基于大量的实践经验，以及职业教育与培训提供者和机构的反馈，巴基斯坦开始对职业教育与培训配套文件进行修订，旨在促进国家职业资历框架的发展、评估和管理。2017 年 10 月，新修订的国家职业资历框架正式发布，在将原有的 11 个资历框架操作手册合而为三的同时，也建立了管理、评估和培训机构，以更加有效和顺利地实施国家职业资历框架。

第二节　巴基斯坦国家职业资历框架的结构体系

一、资历级别

资历级别体现了构成资历的相对能力复杂性，所有资历级别都有对应的级别指标描述符，级别描述符描述了该级别的技能和知识的复杂程度。资历级别的划分提供有关资历与其相对价值之间关系的信息，被用作资历认证开发人员的指导方针，以及能力标准、评估和培训计划、课程和教学材料的设计指南，所有资历级别由资历标准委员会进行设计和分配。

从表4.1可以看出,巴基斯坦国家职业资历框架包括 8 个级别,一至四级的国家职业证书和五级的文凭由资历颁授部门评估和认证;本科和研究生资历,即六至八级由高等教育委员会认证的高校进行评估和授予学位。资历框架的每一个级别都有明确的级别指标,所有的学习成果都从 3 个能力标准维度进行认证:知识和理解、技能、责任。

表 4.1　巴基斯坦国家职业资历框架的级别和能力标准

级　别	级别名称	能力标准维度
八级	博士	知识和理解、技能、责任
七级	硕士	
六级	学士	
五级	文凭	
四级	国家职业证书	
三级	国家职业证书	
二级	国家职业证书	
一级	国家职业证书	

资料来源:NAVTTC,2017

巴基斯坦国家职业证书一到四级的学生可以根据资历级别要求,获得执行和完成任务所需的技能,为从半熟练人员到具有掌握从初级知识到综合知识的专业人员做好准备。五级的文凭则可帮助学生具备良好的心理素质,掌握知识和实践技能,成为某个工作或学习领域拥有先进理论知识的专家。值得一提的是,2014 年版的巴基斯坦国家职业资历框架包含职前教育级别(0 级),主要针对少数未受过正规教育但又拥有一定职业技能人群的基本职业技术教育与培训的入学需求,但在 2017 年修订的国家职业资历框架中,该级别被取消。

二、学分体系

资历框架的所有级别都有对应的学分,表示相对学习量,通过估算完成每个能力单元和能力标准或模块所需的时间或小时数来确定,由资历课程委员会评估,满足所有课程学分计算需要。巴基斯坦国家职业资历框架使用 1 学分等同于 10 小时学习量的计算标准,因此,300 小时的学习将是 30 学分。个人在成功完成能力或模块评估时将累积记录学分,相关测试委员会将把数据输入国家成绩记录信息系统。

资历框架基于对每个能力标准进行评估和级别排序,并根据知识和理解、技能和责任给予相应的级别指标和学分。换句话说,资历框架是在没有预设的情况下系统地进行级别划分,虽然学习的顺序可能意味着某些内容是在其他内容之后学习的,但这并不意味着第二个学习项目比第一个学习项目更复杂。同时,不应假设所有能力标准都处于同一等级,任何资历认证都将包括多个级别的能力标准。例如,国家职业资历框架二级认证可能包括一级、二级以及三级的能力标准,以 IT 国家职业资格证书二级(计算机图形设计)为例,见表 4.2。

表 4.2   巴基斯坦基于能力标准的学时和学分

能力标准	预估学时	学　分	级　别
识别设计工具	100	10	二级
构想一个设计理念	200	20	三级
分析成本效益解决方案	100	10	二级
照片编辑和图形开发	50	5	二级
准备印前工作	200	20	二级
进行基本硬件维护	200	20	一级
与他人沟通	100	10	二级
描述工作场所的权利	50	5	二级
	1 000	100	二级

资料来源:NAVTTC, 2014; NAVTTC, 2017

从表 4.2 可以看出,IT 国家职业资格证书二级包括 8 个能力标准,但每个标准的学时和学分数并不一样,而对应的级别也不相同,包括一级、二级和三级,但最后平均下来($\frac{2+3+2+2+2+1+2+2}{8}=\frac{16}{8}=2$),还是二级。因此,基于资历框架的学习可以有不同的顺序,不同的学时学分,但却能统一在一个体系下进行级别划分和认定。

三、能力为本的课程体系

国家职业技术培训委员会的主要任务是确定资历级别和能力标准。基于这些能力标准,国家职业技术培训委员会和省级机构能够开发基于能力标准的课程,并作为资历开发的一部分。国家职业技术培训委员会、职业教育与技术培训局和任何其他机构可以组成课程开发委员会,其组成和职责范围见表4.3,但最终由国家职业技术培训委员会进行课程批准和发布。

表4.3　巴基斯坦课程开发委员会的构成和职责

项　目	课程开发委员会的构成和职责的描述
课程开发委员会的构成	国家职业技术培训委员会的代表;行业代表;私人和公共培训提供专家;来自职业技术教育与培训机构,拥有相关部门经验、知识和写作技能的教师;同一部门或联合部门认证的能力培训评估员
课程开发委员会的职责	检查资历、能力标准和资历级别以满足课程需要,制定支持实现能力标准和资历的课程,为每个学习单元分配学分后定义学分值,为培训师和学习者提供评估所需的支撑说明、评估背景、关键指标、评估条件和资源,确保课程的行业认证

资料来源:NAVTTC, 2017

基于能力标准开发的课程包括学习模块、结果描述和学习顺序推荐,并提供有关教学时间、学习环境以及与教学和学习相关的总体课程指导,相当于有序的模块化学习计划指南以及培训和学习材料指南,是支持正规、非正规和非正式标准化培训的关键工具。因此,课程开发旨在提供能力标准与实际提供培训或教学计划之间的桥梁，是培训和学习者指南开发的重要来源。

　　基于能力标准的课程将通过国家职业资历框架与具体资历级别进行衔接，为系统的培训计划提供指导。所有提供正式培训课程的机构和企业被要求将其培训计划建立在经批准的课程上，而课程开发委员会将根据行业反馈最终确定课程，并将其提交给国家职业技术培训委员会，以便在官方网站上进行批准，以及通告和上传信息。基于能力为本的课程开发流程见图4.1。

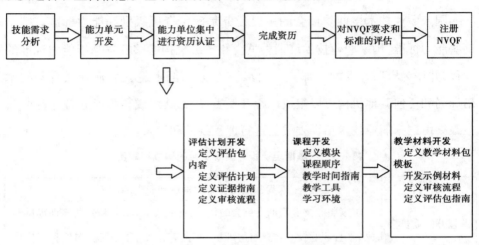

图4.1　国家职业资历课程开发流程

四、质量保证体系

　　建立严格的质量保证系统和评审机制对保证资历框架各级资历和学分得到认可变得尤为重要，没有质量保证，资历框架难以从根本上进行有效的运行。巴基斯坦国家职业资历框架建立了配套的质量保证系统，包括5个相互关联的子系统。

（一）资历的质量保证

　　所有资历将严格根据规定的程序进行制定或修订，这些程序应确保满足雇主的技能要求，以及通过内置评估计划制定能力标准和课程，最后在国家职业资历框架官网上进行评估和注册。每个资历需要编制摘要表,包含标题、级别、总学分、能力单元、分配的等级学时等,以供利益相关者和用户随时参考。国家职业技术培训委员会将与省级利益相关方合作,协调和管理资历的开发和修订。

(二)开展培训的质量保证

负责进行国家职业证书评估的质量保证机构将由国家职业技术培训委员会同职业教育与技术培训局联合认证。质量保证机构将进一步评估认证中心,以确保其拥有必要的基础设施和资源,能够满足评估要求。质量保证机构和评估中心的认证资质将定期接受国家职业技术培训委员会与质量保证机构认证审计员的监督审核。此外,国家职业技术培训委员会还将负责授权提供国家职业证书的职业技术培训机构,以保证他们拥有提供国家职业证书的适当资源和设施。如果认证机构未能遵守规定的认证要求和达到最低标准,则认证资质将被撤销。

(三)考核的质量保证

质量保证机构将成为国家职业证书的主要评估和认证机构。认证的要求,即业绩标准和认证程序将由国家职业技术培训委员会在其认证手册中列出,并分发给质量保证机构,同时,质量保证机构还将制定评估中心认证的业绩标准和程序。此外,国家职业技术培训委员会和质量保证机构将确保拥有一批经过培训的合格评估人员,他们在评估学生时使用标准化工具来记录学生表现。所有质量保证机构都将遵循评估程序和国家认证体系,并与国家职业技术培训委员会协商制定。

(四)管理系统的质量保证

国家职业技术培训委员会和职业技术培训服务提供商分别在国家层面和省级层面负责国家职业资历框架的运营和管理。这些机构需要一个连续的结构化的质量管理体系,其中包括政策、规则和程序,以确保持续相关性,提供教育、培训和评估服务的适当性和有效性。他们将建立由经过专业培训的员工组成的国家职业资历框架支持小组。为确保国家职业证书的国际可比性,国家职业技术培训委员会将加入国际教育和培训质量保证网络,并通过循环审查系统参与国际质量保证协会的同行评审过程。

(五)国家职业资历框架的监督和评估

国家职业技术培训委员会与利益相关机构合作,通过定期外部监督和评估以检测国家职业资历框架的实施,确保国家职业资历框架目标仍然适切,资历框架目标正在实现,国家职业资历框架的结构仍然合适,注册资历与认证培训提供者以及测评开展的质量标准仍然相关。

五、过往学习成果认证

国家职业证书的评定不仅限于正规教育,个人还可以通过非正规教育和非正式学习路径的评估获得国家职业证书。国家职业资历框架为过往学习提供以下认证途径和流程,以获得不同级别的国家职业证书(图4.2)。

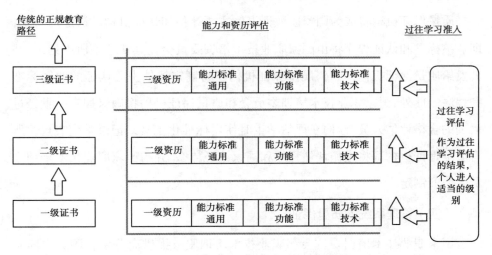

图4.2 过往学习在国家职业资历框架中的认证过程

从图4.2可以看出,所有国家职业证书都由能力标准组成,这些能力标准是通用、功能和技术3个维度的组合。申请人可以通过过往学习系统对掌握的技能进行评估,如果申请人宣称达到一定的能力标准,并被评估为"胜任"或"达到",那么他们可能将获得完全认证的国家职业证书。过往学习的认证将由国家职业技术培训委员会和职业教育与技术培训局的国家职业资历框架支持部门、资格授予机构以及评估中心联合执行和管理。

六、立法与管理

构建资历框架是自上而下的政府工程,立法是实施资历框架的保障,缺乏立法的资历框架难以在实践中得到广泛持续的开展(张伟远 等,2017)。根据巴基斯坦《国家职业技术培训委员会法案(2011)》(*NAVTTC Act of 2011*),国家职业技术培训委员会负责推动、协调和监管全国职业教育和技术培训,国家职业技术培训委员会担任国家职业资历框架的管理秘书处。国家和省级职业教育与培训服务提供商通过明确定义的组织架构共同管理国家职业资历框架的实施。国家层面的"职业资历框架管理委员会"将全面负责国家职业资历框架的实施并提供政策指导,制定有关国际职业资历框架管理和实施的总体政策规划,以确保国家职业资历框架等级结构合适,目标可实现,系统管理有效,运营的高效性、一致性和完整性,雇主对毕业生的素质满意等,并根据国家技能需求和国际劳动力市场发展趋势,及时修订并协调国家资历机构的发展。巴基斯坦国家职业资历框架管理体系见图4.3。

七、国际对接

为确保在巴基斯坦的国外学历或证书的可移植性和流动性,以及与国家职业资历的对等性,为国家职业资历发展创造健康的竞争环境,提升巴基斯坦国家职业资历的技能水平,巴基斯坦国家职业资历框架有专门的国外资历条款。条款明确规定:任何运营组织或培训机构提供的国外资历如果没有经过国家职业技术培训委员会基于国家职业资历框架标准的审核,则不得声称其所提供的国外资历等同于国家职业资历框架中的任何级别或相当于国家职业资历框架中的任何资历。提供国外资格证书的组织必须向国家职业技术培训委员会提供以下证明文件:①国外资历在来源国的资历框架下得到合法认可;②在巴基斯坦提供国外资历培训的组织与国外资历质量保证体系密切相关。例如:通过来源国的质量保证体系进行独立认证;属于来源国的合作组织的质量保证体系;作为国际职业教育和培训协会的成员或准成员,已获得国际认可的跨境质量保证机构的认证等。

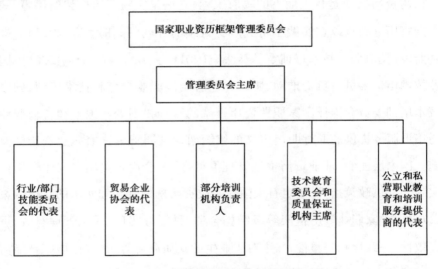

图4.3 巴基斯坦国家职业资历框架管理体系

　　作为巴基斯坦职业技术教育与培训的最高管理机构,国家职业技术培训委员会是与国外或区域资历框架进行谈判的"中枢",负责通过与主要国家的资历认证机构进行对话来协助国外资历的认证过程,建立对等并相互承认的资历,明确并通知国外相关质量保证机构、省级有关部门和相关行业部门的代表也参加相关活动。

　　巴基斯坦国家职业资历框架是根据欧洲资历框架的模式进行制定的,其初衷是促进与欧洲资历框架以及其他重要国家和地区资历框架的一致性。因此,巴基斯坦职业资历框架将优先考虑与欧洲资历框架、南盟区域主要成员国的资历框架，以及阿联酋和其他中东国家的资历框架进行对接。

第三节 巴基斯坦国家职业资历框架的启示

大力发展现代职业教育体系是我国推进教育现代化和深化经济社会改革的重要战略举措。2019年政府工作报告提出，改革完善高职院校考试招生办法，大规模扩招100万人，著名教育家顾明远教授为职业教育扩招100万人叫好，并指出"职业教育已经成为我国缓建就业压力，推动精准扶贫，维护社会安定，改革高等教育机构的重要战略举措，应该建立高职学校与普通大学之间的一个立交桥"（顾明远，2019）。扩招100万后，我国将是职业教育"超大国"，但目前，我国职业教育体系还不够完善，属于"断头"的教育类型，没有建立国家层面的职业教育资历框架体系。巴基斯坦国家职业资历框架的建设和实施经验，对我国职业教育发展有如下启示。

一、大力推动职业教育资历框架建设，完善我国职业教育体系

资历是证书、文凭和学位的统称，既包括传统意义上的"学历"，也包括"资格"。因此，资历框架既覆盖正规学校教育获得的学历文凭，也包括通过非正规教育和非正式学习获得的各类资格证书以及掌握的各种技能。建立各级各类学习成果认证与衔接的资历框架，已经成为我国国家层面教育政策规划的"热词"，多次在政府文件中被提及。例如：2019年2月22日，《教育部2019年工作要点》明确提出"做好学习成果认证、积累与转换试点总结，推动开展国家资历框架研究"。2019年2月23日，国务院颁布的《中国教育现代化2035》强调"建立全民终身学习的制度环境，建立国家资历框架"。而国务院在同月印发的《加快推进教育现代化实施方案（2018—2022年）》也提到"搭建沟通各级各类教

育、衔接多种学习成果的全民终身学习立交桥",其中的终身学习立交桥是资历框架在我国的早期提法,由此可见,资历框架已经成为我国教育发展的重心和方向。资历框架建设也是我国职业教育改革和发展的趋势,国务院 2019 年 1 月颁布的《国家职业教育改革实施方案》提出,"有序开展学历证书和职业技能等级证书所体现的学习成果的认定、积累和转换,为技术技能人才持续成长拓宽通道。从 2019 年起,在有条件的地区和高校探索实施试点工作,制定符合国情的国家资历框架"。为了推动职业教育资历框架建设,教育部职业技术教育中心在 2019 年 3 月 27 日组织教育行政部门、高等学校、职业教育科研机构和职业院校专家召开了"国家资历框架在职业教育领域的研究与实践"项目启动会,宣告了国家职业教育资历框架建设的正式启动。

建立国家职业资历框架能破解我国职业教育发展"断头"的困境,现有职业教育体系在学历上主要是中职和大专,本科主要以民办高校为主,在硕士和博士阶段的人才培养基本上属于空缺,这与我国经济社会发展对高层次应用型人才的需求不匹配,也与国际上职业教育学历层次晋升脱节,如此不够完整的职业教育体系对职业教育持续健康发展非常不利。国家职业资历框架的根本目的是建立各类学习成果认证的阶梯,在阶梯的上端达到专业博士,为职业教育的类型发展从低到高建立自然上升通道,有利于增强职业教育办学者和学习者的信心,提高职业教育的质量和社会认可度。

二、链接"1+X"证书制度改革,建立整体性的职业教育资历框架

教育部在 2018 年提出了"1+X"证书制度,在《教育部 2019 年工作要点》中更加明确提出"启动实施 1+X 证书制度试点"。"1+X"的核心概念是一种学历证书+职业技能等级证书的制度,学历证书主要来自正规学校职业教育,而职业技能等级证书则可以来自非正规职业教育或非正式的各类培训。职业技能等级证书与学历证书相辅相成,互相促进,学历证书是基础,强调的是对学生的综合素质和完整人格的培养,而职业技能等级证书重点是培养学生职业技能、岗

位迁移能力和终身学习能力,为学生高质量灵活就业提供保障。职业技能证书方便企业选人用人的同时,也更能促进学校办学的产教融合,克服学校教育的滞后性,从而反哺学历证书,推动学历教育发展。职业教育资历框架的建立可以为学历证书和职业技能等级证书之间的学习成果认证和衔接提供转换标准和衔接平台,但职业教育资历框架建设在设计上必须强调整体性,其构成要素应该覆盖正规教育、非正规教育和非正式学习所获得的各类技能成果,融合学校教育和社会培训。职业教育资历框架在架构上要强调体系的完整性,明确等级级别、能力标准、立法管理、成效为本课程体系、学分体系、质量保证体系和过往学习认证标准等。

三、坚持职业教育资历框架建设的开放性,尊重历史经验和人类智慧

国家职业教育资历框架建设必须遵循"开放性"原则,这种开放性要建立在清醒的自我认识基础之上,需要有伟大的格局和对现实的尊重。首先,我们不得不承认的事实是,国际上的资历框架建设历史已经快 30 年,有 161 个国家和地区已经建立了资历框架,126 个国家已经进入跨国跨区域互认的阶段(CEDEFOP,2019),很多国家已经对资历框架进行多轮评估和修订,在理论研究和具体实践上拥有丰富的经验,这些经验既是国际社会教育体制改革对经济社会发展反哺的总结,也是人类社会对终身教育和学习型社会建设的集体智慧,值得我们去辩证性学习;其次,要寻找到我国职业资历框架建设的科学路径,国际的经验要与我国的实际结合,要有我国自己的特色,从我国的土地上进行广泛的前期调研,征求广大利益相关者的意见,进行试点和反复实践,并根据我国情况进行及时的反复修订;最后,要坚决反对和批判在资历框架建设中的保守主义和狭隘主义,抛弃国际发展经验,闷在"屋里造船",而妄图建一个大而统的我国资历框架体系,妄图别人来主动与我国资历框架对接,这无异于"痴人说笑"。在资历框架建设领域中,我们处在快步追赶的地步,这是无法否定的事实和发展现状,这需要我们拥有一个大国的胸怀和开放的意识,要敢于向国外

学习,其至吸纳国内走在前列的地区的经验教训。例如:2017 年被国家正式命名的"粤港澳大湾区"将 11 个城市纳入整体发展,打造世界上最发达、创新能力最强和最开放的城市群地区,而这 11 个城市中的香港早已建立并实施了资历框架(香港称为资历架构),要实现"粤港澳大湾区"的发展战略目标,我们就应该学习借鉴香港资历框架的发展经验,建立"粤港澳大湾区"资历框架。

四、加快职业教育资历框架建设步伐,助推"一带一路"倡议

随着"一带一路"倡议影响力的提升,我国与 71 个"一带一路"沿线国家逐渐建立了全方位的合作关系,越来越多的国家认同并加入了我国倡导的人类命运共同体建设行动(国家信息中心"一带一路"大数据中心,2018)。以巴基斯坦为例,自 2013 年"一带一路"倡议和"中巴经济走廊"项目提出以来,双方合作关系已经上升为"全天候的战略合作伙伴关系",我国连续 6 年成为巴基斯坦的最大投资来源国,巴基斯坦也是我国在南亚地区最主要的进口来源国,与此同时,我国与巴基斯坦在教育领域的交流合作也越来越密切,巴基斯坦目前在华留学生总人数已经达到 2.2 万,在所有来华生源国中排名前三,巴基斯坦人掀起了"汉语学习热"。中国和巴基斯坦合作的深入在客观上呼吁了两国各级各类教育学历和职业资格的互认和衔接,建立学习成果认证和人才流动的体制机制。目前,巴基斯坦已经建立了完整的国家职业资历框架体系,而在 71 个"一带一路"沿线国家中已经有 62 个国家建立了国家层面的资历框架,但我国自 2016 年国家"十三五"规划纲要提出建立资历框架以来,4 年已经过去,进展相当缓慢。如果不能及时建立具有我国特色的职业教育资历框架,将不利于我国与"一带一路"沿线国家的教育对接和人才流动,影响我国在国际教育交流中的影响力和话语权,因此,我们必须高度重视资历框架建设的紧迫性,全面推进资历框架建设和实施的进程。

第五章

5

南亚国家资历框架发展现状比较与启示

【本章导读】南亚国家重视通过资历框架建设推动本国终身教育体系和学习型社会建设。通过对南亚 8 个国家资历框架的发展模式、资历级别、能力标准、学分体系、政策立法和组织管理等维度进行比较研究，发现南亚国家资历框架既有本土特色，也有国际共性。与此同时，南亚国家已经开始探索区域资历框架建设，以此促进成员国的教育质量提升和认证评测机制匹配。基于南亚国家资历框架建设经验，对我国资历框架建设提出 4 个方面的建议：第一，秉持开放包容，加快我国国家资历框架建设步伐；第二，聚焦本土特色，整合现有局部资历框架建设经验；第三，强调系统规划，构建国家资历框架建设的完整体系；第四，开拓国际视野，积极探索与国际资历框架的对接。

南亚是世界四大文明发源地之一，包括印度、巴基斯坦、孟加拉国、尼泊尔、斯里兰卡、不丹、马尔代夫和阿富汗 8 个国家，总人口达到 17.8 亿，超过世界总人口的 20%，是世界人口最多和最密集的区域。目前，南亚国家经济发展非常迅速，不丹、孟加拉国、尼泊尔、印度的 GDP 年均增长率都超过了 7%，整体平均增长率达到 6.1%（SAARC，2017）。由于其巨大的人口基数，南亚是具有巨大开发潜能的市场，再加上其独特的地理位置，因此成为世界各个大国必争之地。

南亚国家教育发展不均衡现象非常严重，解决读写能力低下和提高国民技能水平是南亚国家联盟（South Asian Association for Regional Cooperation，SAARC）早期的主要发展目标。在自 1986 年以来的历届南盟峰会上，各国政府首脑都反复强调增加教育投入，消除文盲，发展技能，加强教育合作。2015 年发布的《新德里教育宣言》明确提出"优先发展教育，确保教育公平，让所有人，包括儿童、青年和成年人都有机会获得各类教育机会"，并特别强调促进各成员国资历的互认和学生教师的流动，提高教育质量，拓展职业技术教育和培训课程，促进青年人和成年人生活和工作技能的认证，包括就业、工作和创业的职业技能（SAARC，2014）。

为解决教育发展不均衡问题，提高国民技能水平和促进人才跨国流动，南亚国家重视资历框架建设。目前，南亚 8 个国家都基本建立了供各级各类教育相互沟通和衔接的国家资历框架,并开始探索建立跨国互认的南亚区域资历框架。在"一带一路"倡议下,中国与南亚国家的经贸合作发展迅速,据统计,2017年,中国与南亚 8 国贸易总额达到 1 271.8 亿美元,同比增长 14.1% ,占"一带一路"沿线贸易额的 8.8% (国家信息中心"一带一路"大数据中心,2018)。加强对南亚国家教育的认识和推动彼此之间人才的自由流动是双方共同的诉求,但目前国内对南亚各国资历框架建设现状研究甚少,不利于我国与南亚各国教育合作的深入开展和发挥"一带一路"倡议在国际教育中的影响力。本书将通过对比分析南亚 8 国资历框架的发展现状和主要特色,为我国国家资历框架建设,以及与南亚各国之间资历互认和人力资源流动提供策略参考。

第一节　南亚国家资历框架的发展现状和特色

一、资历框架的发展模式

资历框架是按一定等级标准对知识、技能和能力进行开发、分类和认证的连续学习成果阶梯,其目的是促进终身学习,提高对学习路径和相互联系的资历的理解,增加教育和培训机会,激励参与教育和培训,改进和明确学习路径,提高学习者生涯的可移植性,增加资历之间的学分互换,增加对过往学习的认证范围。但资历框架的发展具有连续性,覆盖的教育类型具有差异性,常见的有单一教育类型的资历框架,如高等教育资历框架、职业教育与培训资历框架、成人教育资历框架等;也有综合资历框架,覆盖一个国家的所有教育类型,往往被称为国家资历框架。本章比较南亚 8 国资历框架的发展模式和教育类型,见表 5.1。

表 5.1　南亚 8 国资历框架的发展模式和教育类型比较

国　家	发展模式	资历框架	覆盖教育类型
印度	单一教育类型资历框架	国家职业资历框架、国家职业教育资历框架、国家技能资历框架、高等教育资历框架	职业教育、技能培训和高等教育
巴基斯坦	单一教育类型资历框架	高等教育资历框架、国家职业资历框架	职业教育和高等教育
孟加拉国	单一教育类型资历框架	国家技术和职业资历框架	中学后职业教育、技能培训等
尼泊尔	单一教育类型资历框架	国家职业资历框架	普通教育、职业教育
斯里兰卡	综合资历框架、单一教育类型资历框架	国家资历框架、国家职业资历框架	普通教育和职业教育
不丹	综合资历框架	国家资历框架	学校教育、僧侣教育、职业教育和高等教育
马尔代夫	综合资历框架	国家资历框架	中学后学校教育
阿富汗	综合资历框架	国家资历框架	基础教育、中等教育、技术和职业教育、伊斯兰教育、素质教育和非正规教育以及高等教育

资料来源:ETF, 2014;CEDEFOP, 2017;HEC, 2015;GOB,2013;BAC,2012

从表 5.1 可以看出,南亚国家的资历框架发展模式以单一教育类型资历框架为主,并且都特别重视资历框架在职业教育领域中的应用,有 5 个国家建立了国家职业资历框架,8 个国家的资历框架都覆盖了职业教育类型,究其原因是资历框架建设的原始价值就是为了满足经济社会发展对职业技能人才的需求，为所有人的职业生涯提供持续的动力和不断进阶的可能。此外，需要注意的是南亚资历框架很有区域特色，由于南亚国家公民普遍拥有宗教信仰，因此在资历框架中将宗教教育也纳入其中，例如不丹资历框架覆盖了僧侣教育，阿富汗覆盖了伊斯兰教育，这是因为不丹有80%的民众都信奉佛教，阿富汗有98%的人信奉伊斯兰教，两国开设了大量的宗教学校，进行宗教教育。

二、资历级别

建立资历框架的第一个基本要素就是设置能够体现学习成果或能力水平的资历级别，决定资历级别数量的起点是利益相关者对当前关键资历及其相互关系的理解。如果不符合"常识"，即使是最重要的资历级别，也不太可能为公众接受。各个国家资历框架中的级别数量并不完全相同，但目前，大多数资历框架都有8～10个级别，南亚国家资历框架的级别见表5.2。

表5.2 南亚国家资历框架的资历级别比较

国　家	资历级别	资历级别名称
印度	10级	证书有10个级别，包括国家就业证书1—2级、国家能力证书1—8级；职业教育有5个级别，包括9年级、10年级、文凭、高级文凭、研究生文凭、学位（博士）；普通教育有7个级别，包括9年级、10年级、11年级、12年级、学士学位、硕士学位、博士学位
巴基斯坦	8级	高等教育有8个级别，包括学前教育和小学、中学、中学证书、高中证书、副学位/普通学士、荣誉学士、硕士、博士；职业教育有8个级别，包括国家职业证书一至四级、文凭、学士、硕士和博士
孟加拉国	职前2级 +6级	职前教育有2个级别（1—2级），包括国家一级职前证书、国家二级职前证书；职业教育有5个级别（1—5级），包括国家一级技能证书、国家二级技能证书、国家三级技能证书、国家四级技能证书、国家五级技能证书；技术教育只有第6级，即工程或相关专业的文凭

续表

国　家	资历级别	资历级别名称
尼泊尔	5级	普通教育有5个级别,包括小学(基础级)、初中、高中、大学专科、高等教育;职业教育有4个级别(基础级至4级),包括技能水平基础、技能测试1级、技能测试2级、技能测试3级、技能测试4级
斯里兰卡	12级	有12个级别,包括证书、高等证书、文凭、高等文凭、学士、荣誉学士、研究生证书、研究生文凭、课程硕士、课程研究硕士、哲学硕士、哲学博士/董事会认证MD/文学博士/理学博士
不丹	8级	学校教育有4个级别(1—4级),包括初等教育、初中教育、不丹中等教育证书、不丹高等教育证书;职业教育有3个级别(3—5级),包括国家证书1级、国家证书2级和3级、国家文凭1级和国家文凭2级;高等教育有4个级别(5—8级),包括文凭、学士学位、硕士学位、博士学位;僧侣教育有4个级别(5—8级),包括迈亚密(Madhyamik)、藤丘(Tenchoe)、高僧(Geshey)、堪布
马尔代夫	10级	共10个级别,包括证书一级、证书二级、证书三级、证书四级/高级证书、文凭、高等文凭/副学士学位/专业文凭、学士学位/荣誉学士学位/专业文凭/专业证书、研究生文凭/研究生证书、硕士学位/高等专业文凭/高等专业证书、博士学位/高级专业文凭/高级专业证书
阿富汗	8级	素质教育和基础教育有3个级别(1—3级),包括基础层级、基础素质证书/进阶素质证书/学校预科素质证书、中级教育证书/9年级证书;中等教育和高等教育有5个级别(4—8级),包括高中进修证书/12年级证书、高等教育文凭/14年级文凭、学士学位、硕士学位、博士学位;技术与职业教育和培训有5个级别(1—5级),包括学徒期、职业培训、中级职业教育和培训证书、高中技术与职业教育和培训进修证书、高等职业教育文凭/14年级文凭;伊斯兰教育有3个级别(3—5级),包括中级伊斯兰教育证书/9年级证书、伊斯兰高中进修证书、高等伊斯兰教育文凭/14年级文凭

资料来源:ETF,2014;CEDEFOP,2017;GOB,2013;HEC,2015;NAVTTC,2017

从表 5.2 可以看出,南亚国家资历框架的级别数量最少只有 5 个级别,最多有 12 个级别,但以 8 个级别为主。但具体到级别名称,由于各个国家资历框架覆盖的教育类型不同,级别名称差异性很大,其中综合资历框架的低级别主要是证书和文凭,但高级别则有证书、文凭和学位,例如马尔代夫 1—5 级分别是证书和文凭,而 6—10 级则有学位、高等文凭和高等证书。对单一教育类型的资历框架,证书、文凭和学位则体现在不同的教育类型中,例如印度有单独的证书序列,而职业教育主要是文凭,但最高级别也是学位;印度的普通教育主要是学位,这是由三种教育类型对人才培养的定位不同所决定的。但值得注意的是,南亚国家资历框架非常有地域特色,例如不丹将僧侣教育纳入了资历框架,并且僧侣教育的级别是按较高的级别进行认定,堪布相当于博士学位。

三、能力标准

能力是根据一个人的要求来定义的,往往是知识、技能、能力等的综合反映,体现了一个人在什么情况下(条件)以及如何完成(行业标准)某项任务。而能力标准是国家认可和行业确定的有效绩效所需能力水平的规范,有规范的格式表达,涵盖能力的许多方面。在确定了资历框架级别后,需要制定资历框架中各级别的通用标准,以保证资历级别的对等性,而能力标准主要是根据资历框架级别标准的维度进行详细阐述,能力标准维度相当于上位核心概念(张伟远 等,2017)。表 5.3 比较了南亚 8 国资历框架的能力标准维度。

表 5.3　南亚国家资历框架中资历级别通用能力标准的维度比较

国家	资历级别的通用能力标准维度
印度	专业知识、专业技能、核心技能、责任
巴基斯坦	知识和理解、技能、责任
孟加拉国	知识、技能、责任
尼泊尔	知识、技能和能力
斯里兰卡	知识、技能、态度、思维范式

续表

国家	资历级别的通用能力标准维度
不丹	知识的深度、复杂性和理解力,知识和技能的运用,决策的自主性和创造性,沟通技巧,实践的广度和复杂性
马尔代夫	知识和理解,实践:应用知识和理解,通用认知技能,交流、信息通信技术和计算技能,自主性、责任和与他人合作
阿富汗	知识和理解力,实践和技能,态度和能力

资料来源:ETF, 2014;CEDEFOP, 2017;GOB, 2013;HEC,2015;NAVTTC,2017

从表5.3可以看出,南亚国家资历框架的能力标准维度既有共同之处,也各有特色。首先,都强调了知识和技能维度,因为知识是所有教育的根本目的,是人认识世界和理解现象的基础,而技能是人基于知识的生存工具和维持生活的基本手段;其次,各个国家资历框架还有能力、责任、态度、思维、沟通等维度,但差异很大,反映了各个国家的不同文化价值观,例如阿富汗有态度和能力维度,其中态度和能力又进一步细分为通用的认知技能,沟通、信息和通信技术与计算能力,自主性、问责性,以及与他人的合作能力;最后,即使有的国家在维度术语上用了相同的词语,但内涵也可能有所差别,例如印度有两个技能维度,分别是专业技能,指认证人在该级别能够做什么,以及核心技能,指柔性和人际交往技能。

四、学分体系

国家资历框架一般都有学分体系,但也有一些资历框架没有或还没有建成学分体系。学分体系的目的是赋予学习计划一定学习量,从而为利益相关者描述和比较已完成的学习计划提供了可能。学分体系依赖于以下假设:通过相对简单地识别学习计划结果,然后将这些结果纳入某个资历级别,并给予一定权重或数值,从而为其他学习计划赋予比较和衔接的意义。学分体系往往包括三类:一是仅提供学分积累的学分体系;二是仅用于学分转移的学分体系;三是既可用于学分累积,也可提供学分转移的学分体系。南亚国家资历框架的学分体系见表5.4。

表5.4　南亚国家资历框架的学分体系比较

国家	学分体系
印度	根据资历级别划定学分学时,每个级别相当于大约 1 000 个小时的学习量,包括基于职业能力技能模块的学时数以及整合的一般学习量
巴基斯坦	学分体系应用 1 个学分等同于 10 个小时学习的计算标准,因此,300 个小时的学习将认定为 30 个学分,个人在成功完成能力或模块评估时将累积学分记录,相关测试委员会将把数据输入国家成绩记录信息系统
孟加拉国	每个级别都有规定的学时,例如国家 4 级技能证书预计需要 430 个名义培训学时,包括 150 个小时的非工作学时和 280 个小时的在职学时
尼泊尔	按级别设定学时数,例如技能测试 2 级,要求学习者通晓相关行业的知识和技能,拥有至少 3 年相关行业工作经验,并成功完成 1 年的培训(至少 600 个小时的理论和 800 个小时的实践),或在获得技能测试 1 级后在相关行业有 1 年的工作经验
斯里兰卡	资历级别的学习量用学分进行描述,学生每 1 个学年相当于 1 500 个理论学时,包括教师面授学时、远程学习、任务准备和完成,以及测试。例如学士,需要在 2 级以后修 90 个学分,包括 3 级以后的 60 个学分和 4 级以后的 30 个学分
不丹	1 个学分被视为 10 个小时的概念学时,学习包括讲座、辅导、研讨会、实践、自学、信息检索、研究、实地考察、考试准备和考试
马尔代夫	学分体系规定 1 个学分相当于 10 个小时的学习量,总小时数被分为 10 份,以给予每个单元或模块学分等级,一名全日制学生在 1 个标准的学术年总共获得 1 200 个小时学习量(也就是 30 周,每周 40 个小时),因此平均下来,一年预期获得 120 个学分
阿富汗	还没有建成学分体系,部分教育机构使用欧洲的学分转换体系,即 1 学年全日制学生学习量大约 60 学分,1 个学分相当于 25 ~ 30 个概念学时

资料来源:ETF, 2014; CEDEFOP, 2017; GOB, 2013; HEC, 2015; NAVTTC, 2017; AICTE, 2012; BAC, 2012

从表 5.4 可以看出,南亚国家资历框架对应的学分体系主要有 3 种类型:一是按资历级别直接给予一定的学时数,例如印度、孟加拉国和尼泊尔都是为不同的资历级别赋予不同的学时计算标准;二是基于学分数计算学时,通常是 1 个学分等同于 10 个小时的学习量;三是还没有建成学分体系,例如阿富汗,早在 2011 年就提出建立学分体系,但目前还没有建立真正意义上的学分体系。

五、政策立法和组织管理

为保证资历框架的顺利实施和推行,各国都会在政府层面上颁布资历框架法案或发布官方政策,对资历框架的关键内容做出规定,包括资历框架的条例、适用范围、目的原则、组织管理机构、利益相关者、资历开发实施、质量保证、非正规教育和非正式学习的认证等。而资历框架的管理主要指确定战略方向和制定政策,但具体管理安排将取决于国家资历框架的组织结构。资历框架的管理一般由国家机构负责,例如国家资历局,该机构独立于政府但对其负责。但资历框架的实施和协调一般是多部门合作的过程,教育部和劳动部往往是主要参与部门,并且,由于资历框架从自然属性上而言,属于教育部,因此国际上资历框架的实施起主导作用的一般是教育部。南亚 8 个国家资历框架的政策立法和组织管理见表 5.5。

表 5.5　南亚 8 国资历框架的政策立法和组织管理比较

国　家	政策立法	组织管理机构
印度	2015 年《国家技能发展和创业政策》、2009 年《国家技能发展政策》	国家技能发展署
巴基斯坦	2009 年《巴基斯坦国家技能战略（NSS）2009-16》、2011 年《国家职业技术培训委员会法案》	国家职业教育与培训委员会、高等教育委员会

续表

国　家	政策立法	组织管理机构
孟加拉国	2003 年《青年政策》、2006 年《非正规教育政策》、2008 年《全国培训政策》和《国家技能发展委员会行动方案》、2009 年《教育政策》	行业技能委员会
尼泊尔	2015 年《职业技术教育与培训改革议程》	尼泊尔职业教育与技术培训委员会、国家技能测试委员会
斯里兰卡	2009 年《国家高等教育政策》	高等职业教育委员会
不丹	2010 年《不丹王国高等教育政策》	不丹认证委员会
马尔代夫	2000 年《马尔代夫总统法令》	马尔代夫资历局
阿富汗	2011 年《阿富汗资历框架法》	阿富汗国家资历局、技术与职业教育和培训委员会

资料来源:ETF, 2014；CEDEFOP, 2017；GOB, 2013；HEC,2015；NAVTTC,2017

从表5.5可以看出,南亚8个国家都颁布了资历框架相关的法律或国家政策,保证了资历框架的权威性和公信力,为资历框架的有效实施提供了政策保障和价值导向。另外,每个国家都设置有专门的机构部门,负责资历框架的管理和修订,管理机构主要有资历局、技能认证委员会和教育委员会,不同国家的管理机构名称和组织结构有所不同。

第二节　南亚区域资历框架发展

区域资历框架由一系列共同商定的原则、条例、程序和标准化术语组成,旨在确保一个地区内各国的资历和学分的有效对比。区域资历框架有利于加深对区域内各国教育系统的理解,增强一致性和协调性,提高学习者和工人的可流动性,增加终身学习的机会,提高工人的就业能力,提高企业的生产力和经济增长的包容性。目前全球已经建立了 7 个区域资历框架,为 126 个国家提供跨国资历互认。

　　南亚国家元首在 2014 年 11 月发布的《加德满都宣言》(*Kathmandu Declaration*)中提出了"促进职业教育和培训的区域合作,制定提高教育质量的区域发展战略"。2015 年 6 月,南亚联盟大学教育资助委员会首脑会议在伊斯兰堡举行,发表了南亚高等教育联合声明,提出"南亚成员国将建立国家资历框架,匹配评测和认证机制以确保优质高等教育的获取,建立南亚联盟质量保证网以促进成员国高等教育质量"。2016 年,南亚 8 国在马尔代夫马累举行的第三届教育部长会议上确定了《2030 年南亚地区教育行动框架》(简称《行动框架》),其目标是成立专家组评估南亚成员国的资历和程序,以促进正规教育、非正规教育和非正式教育的学习成果的识别、确认和认证。《行动框架》的具体内容有:①分享国家技能资历框架建设的经验,制定职业技能教育区域质量保证框架;②进行案例研究,记录资历框架典型案例,准备国家教育培训资历框架的区域清单;③提供技术支持以协助国家教育培训资历框架的发展和审查,包括国家职业教育与培训资历框架,发展国家资历框架之间的联系,以及正规学习、非正规学习和非正式学习的认证;④支持资历的跨国互认和学生的流动;⑤组成专家组审查不同南亚国家的框架和遵循的程序,以对正规学习、非正规学习和非正式学习的成果进行认证;⑥建立机制以发展和实施区域框架,以促进南亚地区教育资历的可比性和相互认证,学生和教职员工的流动(SAARC,2016)。《行动框架》宣告了南亚区域资历框架建设被正式提上议事日程。

第三节　南亚国家资历框架发展现状的启示

　　中国和南亚国家联系紧密,2006 年 8 月,南盟第 27 届部长理事会审议通过南盟观察员指导原则,正式接纳中国为观察员,并邀请中国以观察员身份出席第 14 届南盟峰会。在中国提出"一带一路"倡议以后,不管是海上丝绸之路还是陆上丝绸之路,南亚都是重要的合作对象,"一带一路"六大经济走廊中的中巴和孟中印缅两大经济走廊都和南亚国家直接相关,中国与南亚国家的合作已遍及贸易、投资、基础设施、服务等各个领域,呈现出双边贸易稳步增长、工程承包合作发展迅速、自贸区建设高速推进、双向投资方兴未艾、境外合作园区建设进展顺利等五大亮点。

要进一步推动我国与南亚国家在经济、贸易等不同领域的友好关系,深化中国与南亚国家的务实合作,发挥"和平合作、包容互信、互学互鉴、互利共赢"的丝绸之路精神,搭建不同形式双多边交流平台,教育领域的合作与人力资源的自由流动是关键。南亚国家已经普遍建立了国家层面的资历框架,并在积极探索区域资历框架的建立,为人才与劳动力市场进行跨国对接迈出了坚实的一步。基于南亚国家资历框架发展的现状分析,对我国国家资历框架建设有如下启示。

一、秉持开放包容,加快我国国家资历框架建设步伐

资历框架是终身教育和终身学习理念推动下的一种教育机制系统探索,已经成为全球教育改革的重点和趋势。国际上资历框架的发展历史已达 30 年,161 个国家或地区已经建立了资历框架,建立的 7 个区域资历框架为 126 个国家进行跨国资历互认提供了可能。我国资历框架建设正式写入政府文本是2016 年发布的《中华人民共和国国民经济和社会发展第十三个五年规划纲要》,但至今 4 年时间过去了,资历框架建设的进度略显缓慢。2019 年颁布的《中国教育现代化 2035》和《国家职业教育改革实施方案》再次强调了加速国家资历框架建设,并在实施层面上要求在有条件的地区和高校探索进行试点工作。教育部职业技术教育中心在 2019 年 3 月 27 日组织教育行政部门、高等学校、职业教育科研机构和职业院校专家召开了"国家资历框架在职业教育领域的研究与实践"项目启动会,对国家资历框架建设吹响了"集结号"。但对于如何尽快推进资历框架建设,其首要前提是秉持 3 个维度的开放包容:第一,对国

际经验的开放包容。愿意甚至敢于吸纳国际资历框架建设已有经验,"拿来"国际先进做法,为我所用,展现大国格局。第二,对利益相关者开放包容。资历框架建设需要各级各类政府部门、教育机构、社会团体组织、行业企业等的相互理解和交流合作,只有彼此携手共进,方能事半功倍。第三,对个体和组织的开放包容。资历框架建设过程中少不了观点争鸣,即使对于"资历"的概念界定都会有争议,但这种分歧是知识积累和文明进步的一种必要方式,是应该被接受和理解的,并不妨碍合力推动资历框架建设的共同研究和组织建设。

二、聚焦本土特色,整合现有局部资历框架建设经验

国家资历框架建设一般是由单一教育类型或地方等局部资历框架建设开始的。自 2012 年以来,我国已经发布了多个地方局部资历框架,例如国家开放大学建立了 10 级的资历框架,其等级标准从知识、技能和能力 3 个维度进行描述:知识维度描述学习成果所获得的事实性、技术性和理论性知识;技能维度描述学习成果能达到的认知、技术、沟通和表达等技能;能力维度描述学习成果在知识、技能应用方面表现出的自主性、判断力和责任感[国家开放大学学分银行(学习成果认证中心),2019]。2017 年 3 月,广东省正式发布了《广东终身教育资历框架等级标准》,这是国内第一个资历框架等级地方标准。《广东终身教育资历框架等级标准》在内容上参考采用了欧洲资历框架的知识、技能和能力 3 个维度以及各等级的通用标准,在编写格式上遵循我国国家标准制定的有关规定,资历等级分为 7 级,涵盖普通教育、职业教育、培训和业绩三大领域,明确了普通教育、职业教育、培训和业绩相互之间的关系(广东省教育厅,2016)。此外,江苏、重庆、云南都在进行基于学分银行的资历框架探索。这些局部资历框架建设从地方上构建了各级各类教育的沟通和衔接的人才成长"立交桥",为国家资历框架建设提供了宝贵的本土经验,为国家资历框架建设提供了良好的原始素材,应该整合上述资历框架建设的经验,并挖掘我国教育发展特色和经济社会发展客观需求,建立中国特色的国家资历框架。

三、强调系统规划，构建国家资历框架建设的完整体系

资历框架建设是一个系统工程，从纵向工作流程来看，包括前期调研、中期建设与实施，以及后期的审查和修订，每一个环节都必不可少，而又至关重要。在建设过程中，应该有长远的思维模式和规划，将每一个细节做到实处，并坚持资历框架建设的持续性。从资历框架的内部构成体系来看，完整的资历框架一般包括政策立法、管理机构安排、等级级别、能力标准、成效为本的课程体系、学分体系、质量保证体系、过往学习成果认证等。每一部分内容都具有复杂性，例如成效为本的课程体系建设需要制订课程计划书，而课程计划书一般应根据人才培养目标需要确定以下内容：课程名称、编号、专业领域；资历框架级别；学分和学时；学习成效目标（知识、技能、能力）；教和学模式；单元学习成效目标；学习资源；考核；课程评价和质量保证。由此可见，资历框架建设具有复杂性，不是一朝一夕的事情，而是一个循环的逻辑上升建设阶梯，需要一个长期递进的发展流程。

四、开拓国际视野，积极探索与国际资历框架的对接

随着教育全球化发展，我国教育已经成为世界教育体系的重要组成部分，教育的交流越来越频繁和深入。据统计，1978—2018 年年底，我国各类出国留学人员累计达585.71 万人，其中365.14 万人在完成学业后选择回国发展，占已完成学业群体的84.46%（教育部，2019）。而与此同时，大量外国留学生来华学习，据统计，2018 年共有来自196 个国家和地区的492 185 名各类外国留学人员在全国31 个省（区、市）的1 004 所高等院校学习（教育部，2019）。众多出国留学人员和来华留学人员面临的一个重要现实问题是获得的境外学历和文凭的跨国互认。而资历框架建设的目的不仅是搭建本国普通教育、继续教育、职业教育和社会培训等学习成果互认的阶梯和桥梁，更是助推国际教育交流和人

才的跨国流动。因此,在构建我国国家层面的资历框架时,需要考虑打通中国资历标准和国际资历标准,使我国学习者在境外获得的学历、资历、技能等学习成果,通过认证得到认可,从而从根本上促进我国教育国际化和终身学习社会的建立。

6

区域资历框架的构建和对接的比较

【本章导读】资历框架是实现联合国可持续发展目标背景下教育质量提升的最佳路径,是全球教育发展的趋势和关注的热点。经过近 30 年的发展,资历框架的建设和实施在全球范围内从国家数量和发展程度而言进入了新的历史阶段,区域资历框架已经成为促进区域内国家资历体系透明度,各类学习成果公平公正的互认,跨国劳动力自由流动,国家间相互尊重与信任的新选择。本研究的目的是探讨全球已经建立的 7 个区域资历框架的构建和实施,包括欧洲资历框架、东盟资历参照框架、南部非洲发展共同体资历框架、太平洋资历框架、加勒比共同体资历框架、海湾资历框架和跨国界资历框架——英联邦小国虚拟大学,这些区域资历框架为 126 个国家或地区提供了跨国资历和学分对接的标准。区域资历框架的建设与发展具有共通之处与差异区分,需接纳并包容各区域资历框架的不平衡发展,呼吁多方利益相关方联合行动,持续构建系统化的内容架构。区域资历框架有利于进一步推动国家资历框架的未来发展,也为全球教育互联互通和教育共同体的功能实现赋予潜能。

第一节　区域资历框架建设的背景

联合国发布的《2030 年可持续发展议程》涵盖 17 个可持续发展目标和 169 个分项指标,围绕经济、社会和环境 3 个维度描绘了人类社会未来 15 年发展的壮美蓝图。可持续发展目标的实现依赖于多方因素,但教育是核心。在《2030 年可持续发展议程》中,除教育可持续发展目标(SDG4)明确提出"确保全纳和公平的优质教育,让全民享有终身学习机会"以外,有 5 个可持续发展目标都直接与教育相关,包括消除贫困(目标 1),农业生产力(目标 2),清洁能源(目标 7),持久、包容和可持续的经济增长和人人获得体面工作(目标 8),促进包容持续的工业化和推动创新(目标 9)(CEDEFOP,2017)。由此可见,提高教育质量,赋予各类人群更多的知识和技能是实现联合国可持续发展目标的关键,是基于联合国千年发展目标(the Millennium Development Goals)和全民教育目标

（EFA）之后的全球教育再发展。

　　资历框架是可持续发展目标背景下教育质量提升的最佳路径，可以增加教育和培训的相关度与灵活性，促进终身学习，提高资历体系的透明度，创造学分积累和转换的可能性，制定质量保证体系，促进资历的跨境认证、员工和学习者的自由流动，因而被很多国家作为解决众多教育和培训体系内部问题的有效措施。对推动教育可持续发展有两方面积极的作用：一是社会公平，鼓励参与提高教育成效和发展多样的学习路径；二是经济发展，推动各级各类教育资历和劳动力市场的无缝链接。

　　资历框架的建设始于 20 世纪 80 年代，根据联合国教科文组织等机构 2019年联合发布的《全球区域和国家资历框架目录》的统计，全球建立和实施资历框架的国家总数已达到 161 个。随着资历框架理念和实践在国际上的广泛流行，全球人口流动性的增强，很多地区已经开始探讨和实施区域内资历的跨国认可和转换，资历框架的发展也从一国资历框架发展到跨国的区域资历框架。区域资历框架旨在确保一个地区内各国的资历和学分的有效对比，有利于加深对区域内各国教育系统的理解，增强一致性和协调性，提高学习者和劳动力的可流动性，增加终身学习机会，提高工人的就业能力，提高企业的生产力和经济增长的包容性。本书将研究国际上 7 个区域资历框架的发展现状，希望为我国资历框架建设提供策略参考。

第二节　区域资历框架的构建和实施

一、欧洲资历框架的构建和实施

　　欧洲资历框架于 2008 年发布，旨在提高欧洲国家资历的透明度、可比性和可转换性。欧洲资历框架包括 8 个基于学习成果的资历等级，从基础等级（第一级)到最高级(第八级),为欧洲各国资历框架与之衔接或相互对接提供了参考标准,例如英国的资历框架可以通过欧洲资历框架与奥地利的国家资历框架的资历等级进行对接。鉴于整个欧洲教育和培训体系的多元性,每个资历等级都是根据需要获得的知识、技能和能力作为学习成果标准进行定义。欧洲资历框架适用于各级各类的教育、培训和资历,包括普通教育、职业教育与培训、高等教育以及成人教育。每个级别都可以通过各种教育或职业的路径和资历来实现,包括认证非正规教育和非正式学习所获得的资历。个人资历不直接对接欧洲资历框架,但必须从一开始就纳入国家资历框架体系,而国家资历框架等级与欧洲资历框架等级的对接是基于国家资历框架的级别指标与欧洲资历框架的级别指标的比较。

为保证欧洲资历框架的持续性和纵深发展,2017 年 5 月 22 日,欧洲教育、青年、文化和体育理事会(the Education, Youth, Culture and Sport Council)采纳了修订版的《欧洲终身教育资历框架提议》(简称《提议》),宣布取代 2008 年欧洲议会和理事会(European Parliament and the Council)通过的《欧洲终身学习资历框架提议》(*The Recommendation on the European Qualifications Framework for lifelong learning*)。2017 版《提议》基于欧洲资历框架近 10 年的实践经验,对成员国和欧洲委员会进一步发展资历框架提出了建议,并对有关资历框架的核心概念、资历框架的级别及能力标准、对接标准和程序、资历框架质量保证原则、资历框架学分系统等进行了详细描述(Council of the European Union, 2017)。与此同时,欧洲资历框架开展了第三方国家或地区的资历框架的系列对比,包括澳大利亚资历框架(AQF)、新西兰资历框架(NZQF)和中国香港资历框架(HKQF)。

欧洲资历框架推动了整个欧洲基于学习成果的国家资历框架的发展,截至 2019 年 4 月,39 个欧洲国家都已制定或实施资历框架,建立的基于学习成果等级的国家资历框架总数达到 43 个(CEDEFOP, 2019)。与此同时,欧洲资历框架已经进入区域对接和认证阶段,目前,已有 34 个国家正式将其国家资历框架与欧洲资历框架进行了对接（CEDEFOP，2018）。大多数欧洲国家正在现有资历框架的基础上建立综合性国家资历框架（Comprehensive National Qualifications Framework），包括正规教育和培训（普通教育、职业教育与培训、高等教育）的所有级别和类型的资历，也包括非正规学习背景下的学习成果。许多国家正系统地在颁发的资历和证书文件上指明国家资历框架和欧洲资历框架所对应的等级，根据资历架构对资历信息进行理想化整理，并纳入国家和欧洲资历数据库。截至2018年5月，已有23个国家将国家资历框架和欧洲资历框架的级别纳入国家资格证书体系和欧洲通行证（Europass），17个国家在国家资历文件或数据库中引入了级别对接标准，见表6.1。

表6.1 基于欧洲资历框架的跨国资历等级对接（奥地利与英国）

奥地利	欧洲资历框架（EQF）	英 国		
国家资历框架（NQF）		资历和学分框架（QCF）	威尔士学分和资历框架（CQFW）	苏格兰学分和资历框架（SCQF）
8	8	8	8	12
7	7	7	7	11
6	6	6	6	10/9
5	5	5/4	5/4	8/7
4	4	3	3	6
3	3	2	2	5
2	2	1	1	4
1	1	入门3（E3）	入门3（E3）	3
		入门2（E2）	入门2（E2）	2
		入门1（E1）	入门1（E1）	1

资料来源：QCA，2011；European Commission，2019

　　欧洲资历框架是"欧洲透明工具"的核心，与近几十年来创建的所有其他类似认证工具相关。人们普遍认为,欧洲资历框架是提高国家资历体系透明度,促进欧洲国家间相互信任的重要工具,促进了欧洲国家资历体系的可比性。但欧洲资历框架在实施过程中仍存在诸多挑战,例如 2014 年春季开展的"欧盟民意调查"(Eurobarometer)显示,只有 56% 的欧盟公民认为他们获得的资历可以得到其他欧洲国家的承认,而作为个人,难以获得足够信息以明确在一个国家获得的资历是否可以在另一个国家得到认可,缺乏信任和理解也涉及非欧洲移民的技能证书和资格。

二、东盟资历参照框架的构建和实施

东南亚国家联盟(简称东盟)是由 10 个东南亚国家组成的政治和经济组织,包括印度尼西亚、马来西亚、菲律宾、新加坡、泰国、文莱、柬埔寨、老挝、缅甸和越南。东盟旨在推动成员国经济增长、社会进步和社会文化变迁,保护区域和平与稳定,为成员国提供和平讨论分歧的机会。东盟资历参照框架的构建设想始于 1995 年,当时东盟各成员国的经济部长共同签署了东盟服务行业框架协议,首次提出行业资历在成员国之间的互认。2007 年,东盟各成员国签署东盟经济蓝图,呼吁各成员国加强合作,进行专业资历互认,营造技术人员自由流动的环境。2012 年,东盟成立跨部门资历对接框架工作小组,着手制定东盟资历参照框架,小组成员包括东盟各国国家贸易服务部门、劳动力和人力资源开发部门、教育部门和其他相关政府部门或职业认定机构的官员。2013 年 11 月形成了东盟资历参照框架的草案,2014 年 3 月最终修订完成东盟资历参照框架,2015 年正式发布实施(European Commission,2019)。

东盟资历参照框架是一个共同的参考框架,为东盟成员国之间的教育资历提供了对接的可能,其主要目标包括支持资历的认可;鼓励制定支持终身学习的资历框架;鼓励制定国家策略,以验证正规教育之外获得的学习成果;促进教育者和学习者的流动;支持劳动力和人才的流动;提高对资历体系的理解;促进更高质量的资历认证制度。东盟资历参照框架基于成员国之间协商谅解和自愿参与,旨在对东盟成员国的国家资历框架产生客观中立的影响。虽然其目标是促进国家资历系统与东盟资历参照框架的比较,但并不需要改变成员国的国家资历体系,尊重成员国根据本国优先事项确定具体资历结构和对接流程。

　　东盟资历参照框架共有 8 个级别,并包括一套完整的级别指标体系,涵盖两个能力标准维度:知识和技能、应用和责任,为东盟成员国将其国家资历框架的级别进行对接奠定了基础。东盟资历参照框架也建立了配套的基于共同商定的质量保证原则和广泛标准,旨在建立对国家资历和地区资历价值对接的信心和信任,例如注册和认证机构的职能标准,评估学习和颁发资历的系统,证书颁发的规定等。东盟资历参照框架也要求各成员国更广泛地参考一个或多个既定的质量保证框架作为其质量保证原则和标准的基础。东盟资历参照框架与东盟各成员国国家资历框架等级的对接及成员国之间的等级衔接见表6.2。

表 6.2　东盟资历参照框架级别与各成员国资历等级之间的对接

（以文莱、柬埔寨、印度尼西亚、老挝和马来西亚为例）

东盟资历参照框架级别	文　莱	柬埔寨	印度尼西亚	老　挝	马来西亚
8	博士	博士学位	9级:分科专家 8级:专家	博士	博士
7	硕士/研究生文凭/研究生证书	硕士	专业人员	硕士学位	硕士/研究生文凭/研究生证书
6	学士	学士	文凭四级	学士学位/工匠大师	学士/本科证书和文凭
5	基础学位/高级文凭	高级文凭/副学位	文凭三级	高级技术员文凭/副文凭	高级文凭
4	文凭	证书三级	文凭二级	职教和培训文凭	文凭

续表

东盟资历参照框架级别	文 莱	柬埔寨	印度尼西亚	老 挝	马来西亚
3	技能证书三级	证书二级	文凭一级	证书三级	技能证书三级
2	技能证书二级	证书一级	职业高中/普通高中	证书二级	技能证书二级
1	技能证书一级	职业技能证书	小学/初中	证书一级	技能证书一级

资料来源:张伟远 等,2017

由于东盟各国已有资历框架的多样性和复杂性,虽然有欧盟专家团队的帮助,各国资历框架与东盟资历参照框架的对接工作依然难度大,发展不平衡,虽已得到广泛认可,但仍处于不同的发展和实施阶段。目前,有 4 个东盟成员国启动了与东盟资历参照框架的对接,其他东盟成员国也在计划之中。东盟资历参照框架的对接要求成员国详细描述其教育、培训以及质量保证体系,对接过程要求每个成员国成立一个由主要利益相关者组成的国家对接小组,其中包括至少一名来自另一成员国的观察员。从长远来看,东盟资历参照框架将作为一个元框架,支持对其他区域资历框架的对接和认证,并支持区域间的资历互认。

三、南部非洲发展共同体区域资历框架的构建和实施

南部非洲发展共同体的主要目标是实现发展、和平与安全,以及促进经济增长,消除贫困,提高南部非洲人民的生活水平和生活质量,并通过区域一体化支持社会弱势群体,建立民主原则,推动公平和可持续发展。在此背景下,南部非洲发展共同体成员国于 1997 年通过了《教育和培训协定》,旨在促进区域教育体系一体化,特别是在教育获取、公平、相关性和质量方面。2015 年,南部非

洲发展共同体通过了《2015—2026 年南部非洲发展共同体工业化战略》，旨在通过加强系数积累（劳动力、资本和技术）来提高区域一体化并促进区域工业化经济，以提高总生产率。南部非洲发展共同体区域资历框架（RQF）被认为是对《教育和培训协定》和《南部非洲发展共同体工业化战略》的重要支持，有助于统一教育和培训，推动地区劳动力的流动。

2011 年 9 月，南部非洲发展共同体成员国负责教育和培训的部长正式批准建立南部非洲发展共同体区域资历框架，2017 年 5 月，在南非约翰内斯堡举行的南部非洲发展共同体资历认证委员会上正式发布。南部非洲发展共同体资历框架基于成效为本理论，包括 10 个等级。为利于区域内各国国家资历框架的对接，委员会还建立了南部非洲发展共同体资历认证网（the SADC Qualifications Verifications Network），作为成员国资历认证和衔接的工具，并要求每个成员国都建立专题工作组和协调点，将国家资历上传至南部非洲发展共同体资历网，并在 2016 年制定和批准了在南部非洲发展共同体中过往学习成果认证的区域准则。

南部非洲发展共同体成员国国家资历框架的发展和实施具有阶段性差异，有的国家正处于国家资历框架发展的最初阶段，例如刚果民主共和国和津巴布韦，有的国家正在开始制定国家资历框架，但已经建立了职业教育与培训的资历框架，例如博茨瓦纳、马拉维、坦桑尼亚和赞比亚，但有 4 个国家已经实施了超过 10 年的国家资历框架，例如南非（自 1995 年以来）、纳米比亚（自 1996 年以来）、毛里求斯（自 2001 年以来）和塞舌尔（自 2005 年以来），这 4 个国家从一开始就迈上了建立综合国家资历框架的发展道路。尽管南部非洲发展共同体区域参考框架尚未真正实施，但 15 个南部非洲发展共同体成员国都参与其中，并将其纳入了国家资历框架的制定和实施过程。

四、太平洋资历框架的构建和实施

太平洋共同体（Pacific Community）包括 26 个太平洋岛国，旨在实现 3 个发展目标:太平洋岛屿人民从可持续经济发展中受益;太平洋共同体拥有权力和适应力;太平洋岛屿人民实现其潜力,过上长寿健康的生活。太平洋资历框架的理念于 2001 年在新西兰奥克兰举行的太平洋岛屿论坛教育部长会议上首次提出,2009 年 2 月在南太平洋教育评估委员会设立了一个专门下属单位,以支持太平洋资历框架体系的发展。教育部长们对太平洋资历框架的最初期望是建立一个区域性共识,不断提高太平洋岛屿所有类型的教育和培训的质量,最终获得国际资历的认可。

太平洋资历框架由 10 个资历等级组成,包括所有类型的教育和培训:普通教育、成人教育、社区教育、职业教育与培训和高等教育。级别指标包括 3 个能力标准维度:知识和技能、应用(归类和问题解决)与自主(支持度和判断力)。在 2012 年,太平洋资历框架的级别指标与澳大利亚和新西兰,以及太平洋岛国的斐济、巴布亚新几内亚、萨摩亚、汤加和瓦努阿图等国的国家资历框架级别指标进行了比较和评估。太平洋资历框架的理事机构是太平洋教育质量委员会(the Pacific Board for Educational Quality),是区域政府和行政理事会特别授权的小组委员会。

太平洋资历框架建立和实施的基础是太平洋质量保证框架(the Pacific Quality Assurance Framework),涵盖一套质量保证标准,例如教育提供者注册和资历认证的程序,以及教育提供和课程开设的最低标准等,并得到各类政策、规程和指南的支持。太平洋质量保证框架提供了认证机构在监督和维持学校与培训机构教育质量的广泛质量原则,并将其作为教育质量和评估规划的内部质量保证体系。太平洋质量保证框架并非旨在使太平洋地区的质量保证实践标准化,而是为认证机构和单位提供了广泛的认证基础,以比较和提供质量保证政策和程序,并为区域性资历框架的对接和实施提供了共同标准。

目前,斐济、巴布亚新几内亚、萨摩亚、所罗门群岛、汤加和瓦努阿图在国家资历管理机构和国家资历框架建设方面已经取得进展;库克群岛和纽埃与新西兰的资历框架保持一致;北太平洋国家,包括密克罗尼西亚联邦、帕劳和马绍尔群岛,正在寻求美国西部院校协会的认证;基里巴斯和图瓦卢已采用太平洋资历框架,并与教育质量和评估中心合作,推进其中学后教育和培训的质量保证;所罗门群岛已开始建立其资历和质量保证体系;瑙鲁提供由昆士兰课程评估局认证的资历。负责监督太平洋资历和标准名册的资历小组制订了详细而又具体的未来发展计划,包括开发专业认证和职业标准,制订区域和国际资历认证程序,探索外部质量保证职能,支持建立国家和地区认证机构,协助较小的岛屿国家(如基里巴斯和图瓦卢)探索资历框架和质量保证体系建立的最佳选择,支持区域资历的发展、认证和链接,在两年内审查太平洋资历和标准名册数据库。

五、加勒比共同体资历框架的构建和实施

加勒比共同体创建于 1973 年,由 15 个加勒比成员国家组成,也吸纳了 5 个英属地区为准成员国,旨在促进本地区的经济融合与合作,实现地区经济一体化,确保融合发展的利益平等分享,协调成员国外交政策。早在 1990 年,加勒比共同体就提出了职业教育与培训的区域战略。在 2002 年,"职业教育与培训的能力模型"建立并被采纳,为加勒比职业教育与培训战略实施奠定了基础。2003 年,加勒比国家培训代理协会(Caribbean Association of National Training Agencies)成立,并得到加勒比共同体的认可,成为职业技术教育与培训区域协调机制的"实施部门",其主要目的是建立和管理区域培训和认证体系,即加勒比职业资历体系(Caribbean Vocational Qualifications),以确保在加勒比单一市场经济发展中提供标准化和统一的职业培训。加勒比职业资历是衔接和认证制度的基础,允许学生在不同教育体系之间无缝流动。国家培训机构、职业技术教育与培训理事会等上层机构通过各种政策规划和行业协会参与支持加勒比职业资历的发展,并从区域层面对资历进行审查。

2012 年,加勒比共同体开发了区域资历框架草案,作为"参考基准"支持学习者的流动以及区域内资历的衔接和认证,提供足够的独立数据以促进区域和国际资历的透明。2016 年 10 月,利益相关方区域会议批准了加勒比资历框架

草案,并同意通过和实施相应的建议。加勒比资历框架草案以"理想的加勒比公民"原则为基础,包括 10 个等级,资历的能力标准维度包括:①知识和理解;②应用和实践;③沟通交流、计算和信息通信技术;④生活技能;⑤自主、责任和与他人合作(Caribbean Community,2012)。

目前,加勒比共同体部分成员国已经建立了国家资历框架,例如巴巴多斯、伯利兹、圭亚那、牙买加与特立尼达和多巴哥;有些国家仍处于国家资历框架开发的初始阶段,例如圣基茨和尼维斯、苏里南。加勒比资历框架只有当所有成员国都建立了国家资历框架才可能完全实施,成员国国家资历框架必须与加勒比资历框架草案对接并建立统一的交付机制,为此,加勒比共同体秘书处制定了国家资历框架的发展指南。展望未来,在加勒比资历框架被正式批准以后,成员国将被要求采用加勒比资历框架并使用其指导原则开发或修订本国国家资历框架,这将最终推动区域内全部教育和培训提供者建立符合本国国情的国家资历框架,进而与加勒比资历框架对接。

六、海湾资历框架的构建和实施

海湾阿拉伯国家合作委员会,简称海湾合作委员会或海合会(Gulf Cooperation Council),成立于 1981 年,是由巴林、科威特、阿曼、卡塔尔、沙特阿拉伯和阿联酋组成的区域政府间政治和经济联盟。海合会各成员国面临共同的社会发展挑战和机遇,旨在充分发挥语言和宗教相同、经济结构相似等方面的优势,推动一体化市场建设,实现完全整合的单一市场,畅通商品和服务的流动。2015 年 1 月,一体化市场进一步整合,允许海湾合作委员会公民在所有成员国政府和私营部门就业工作,办理社会保险和退休保险,拥有房地产所有权,进行资本流动,享受教育、健康和其他社会服务。基于上述发展背景,阿联酋国家资历认证委员会代表海湾合作委员会制定了海湾资历框架,并于 2014 年 5 月在沙特阿拉伯利雅得正式发布。海湾资历框架为海湾合作委员会成员国之间资历体系互认和衔接提供了共同参考框架。

海湾资历框架包括 10 个等级，覆盖了普通教育、职业教育、高等教育和培训，但海湾资历框架的主要目的是为海湾国家的职业教育与培训和职业资格证书体系提供服务，所有资格证书将对接或基于职业技能标准。在海湾资历框架得到批准以后，海湾国家（不包括已有资历框架的阿联酋和巴林）开始制定各自国家资历框架，海湾资历框架主要发挥了以下作用：推动国家资历框架与海湾资历框架对接；促进海湾国家之间的资历框架衔接；未来推动海湾资历框架与欧洲资历框架对接；推动海湾国家之间资历的发展和互认，特别是职业和专业资历；促进学生和劳动力在海湾国家之间的自由流动，促进教育、培训和就业；推动终身学习理念，特别是对非正规教育和非正式学习成果的认证；满足海湾劳动力市场对高素质技能型人才的需要和要求。

七、英联邦小国虚拟大学资历框架的构建和实施

英联邦是由 53 个成员国组成的政府间组织，成员大多为前英国殖民地或者保护国。英联邦的运作是通过英联邦秘书处和英联邦基金会组织的非政府团体协商形成跨国政府共识。应英联邦国家元首的要求，英联邦学习共同体于 2003 年开始建立英联邦小国虚拟大学（Virtual University for Small States of the Commonwealth，VUSSC），基于远程教育模式提供课程学习，以改善教育机会，提高教学质量并降低教育成本。参与英联邦小国虚拟大学的国家都是小国，都面临全球化和高技能专业人员流动性增强的共同挑战。英联邦小国虚拟大学的参与国家遍布全球，代表着不限于地理距离建立大学的独特倡议。

2003 年，建设英联邦小国虚拟大学理念得到批准以后，英联邦学习共同体被要求通过英联邦小国虚拟大学协助各国合作并加强其国家教育机构的能力建设。经过英联邦小国虚拟大学 4 年"新兵训练营"课程开发以后，参与英联邦小国虚拟大学的小国提议建立一个资历框架，作为支持英联邦小国虚拟大学课程开发、国际认证、成果比较和资历互认的机制。2008 年 10 月，跨国界资历框架的第一个管理委员会得到任命，由来自 32 个国家所在的 3 个主要地区的 6 位

代表组成,该委员会于2010年制定了跨国界资历框架的实施计划,并在纳米比亚正式启动跨国界资历框架建设。2011年,该框架的第一批资历开始登记,随后通过2010年在巴哈马和萨摩亚以及2012年在塞舌尔举行的协商研讨会,在旅游、农业和信息通信技术方面制定了英联邦小国虚拟大学课程标准。2015年,跨国界资历框架管理委员会批准了6个英联邦小国虚拟大学专业课程的注册(COL,2015)。

跨国界资历框架被定义为"根据规定的学习水平的既定标准对英联邦小国虚拟大学资历进行分类的转换工具,以改善学分转换并促进参与英联邦小国虚拟大学国家之间的共同认证机制"。跨国界资历框架包括一套完整的级别指标体系,涵盖3个能力标准维度:知识和理解,技能,以及更广泛的个人和专业能力。跨国界资历框架设计不包括在国家和地区层面进行教育提供者的认证,但包括资历的注册,符合跨国资历标准的资历将在跨国界资历框架注册,并被称为"跨国界资历框架注册资历"。参与英联邦小国虚拟大学国家内的任何教育和培训提供者,如果符合质量保证标准,并且在部门、国家或地区层面获得认证,将能够提供此类注册资历。

迄今为止,已有86个机构参加了英联邦小国虚拟大学活动,并通过英联邦小国虚拟大学活动培训了53 000多人,有8个国家共有10个机构开始提供英联邦小国虚拟大学专业和课程。机构通过各种方式提供服务,但主要方式是通过在线或混合教学模式。现在英联邦小国虚拟大学已经开发了13个以上的专业课程,所有这些专业课程都由英联邦小国自己认定,并作为开放教育资源共享,在获得了资历以后,可以通过跨国界资历框架实现学习成果的跨国跨区域认证与衔接。

第三节　讨论和结论

一、讨论

（一）区域资历框架的建设具有共通之处与差异区分，需接纳并包容不平衡发展

目前全球建立的 7 个区域资历框架在很多方面具有共通之处，都是基于成效为本的理念，设计了阶梯式的资历等级，并基于能力标准维度，配套了清晰的级别指标体系，为区域内国家资历框架的对接提供参考和指南，服务于区域内国家资历的可比性和可移植性。但各个区域资历框架从架构体系和发展历程而言又具有显著性差异，例如欧洲资历框架和东盟资历参照框架的资历等级有 8 级，但南部非洲发展共同体资历框架、太平洋资历框架、加勒比资历框架、海湾资历框架的资历等级却有 10 级，即使相同等级的区域资历框架，所遵循的能力标准维度也不尽相同。例如欧洲资历框架和东盟资历参照框架的资历等级都是 8 级，但欧洲资历框架的能力标准维度是知识、技能和能力，而东盟资历参照框架的能力标准维度是知识和技能、应用和责任。此外，7 个区域资历框架发展具有不平衡性，欧洲资历框架是最早建立和实施的区域资历框架，目前已经进入全面对接阶段，但有的区域资历框架刚完成建设，还未真正进入实施阶段，需要成员国在思想意识上和行动上进一步达成一致认识。

（二）区域资历框架建设呼吁多方联合行动，持续构建系统化的内容架构

区域资历框架一般是基于区域成员国的现有国家资历框架建设和实践的基础，立足于更深入地开展区域内教育合作与交流的愿望，表达促进区域经济社会发展和人力资源的自由流动的诉求，而采取的一种自下而上和自上而下相结合的联合行动。因此，区域资历框架的建设过程一般需要成员国之间的反复

磋商与对话,进行多轮的谈判与洽谈,方能找到一个多方满意的体系方案,即使区域资历框架建设已经完成,还需要持续地修订和完善。此外,区域资历框架除了本身架构体系的复杂性以外,还需要有配套的支撑体系,例如配套的区域质量保证框架体系,学分认证与转换体系,区域资历框架的管理体系,区域资历框架数据库和运行网站等,因此,区域资历框架的建设和实施更体现了区域组织的群体性意志,难以回避持续而有循环,甚至漫长的发展周期。

(三)区域资历框架推动国家资历框架的未来发展,为全球教育互联互通和教育功能实现赋予潜能

资历框架体现了从新自由主义到可持续发展范式的转变,被认为是解决很多教育和培训体系难题的有效方案,对发展目标有两方面积极而有意义的作用:一是促进社会公平,鼓励参与提高教育成效和发展多样的学习路径;二是推动经济发展,助力资历更有效地与劳动力市场和竞争衔接。但全球化背景下的资历框架发展需要从一个更广阔和更积极的视角发掘其真正的价值,因此,推动区域资历框架的建设和实施是教育理念未来发展的方向,并且对区域内国家资历框架建设提供了两个指南性原则:一是基于学习成效,学习成果表达了个人在学习过程结束时所认知、理解和能够做的事情;二是学习成果导向,侧重于资历的持有者应该知道、能够做和是否理解,为资历系统、资历内容和架构提供了新的视角。区域资历框架在学习成果方面强化了资历设计,提供了一种资历比较的通用语言,是促进区域内国家资历体系透明度,各类学习成果公平公正的互认,劳动力和人才的跨国自由流动,学习的专业和课程与劳动力市场的岗位需求紧密联系,国家间的相互尊重与信任的重要工具。与此同时,基于共同建设理念和设计思维的全球 7 个区域资历框架能够在彼此之间进行等级对接,从而为构建全球化的教育体系和学习成果认证网络提供可能,7 个区域资历框架的资历等级对接见表 6.3。

表6.3　区域资历框架的资历等级对接

跨国界资历框架（TQF）	加勒比共同体资历框架（CARICOM QF）	南部非洲发展共同体资历框架（SADC QF）	太平洋资历框架（PQF）	东盟资历参照框架（AQRF）	欧洲资历框架（EQF）	海湾资历框架（GQF）
10	10	10	10	8	8	10
9	9	9	9	7	7	9
8	8	8	8	6		
7	7	7	7	5	6	8
						7
6	6	6	6		5	6
5	5	5	5	4	4	5
4	4	4	4	3	3	4
3	3	3	3	2	2	3
2	2	2	2			
1	1	1	1	1	1	2
						1

资料来源：COL，2015；NQA，2019

二、结论

　　区域资历框架是一种元框架，由一系列共同达成的原则、规范、程序和标准化术语构成，旨在确保区域内各国资历和学分的有效对比。区域资历框架的发展是对互联网时代知识经济社会深化发展和教育全球化客观要求的回应，是国家资历框架的未来发展路径选择与行动指南，对国家资历框架的新建、修订和跨国对接提出了更高的要求，也指明了方向。我国正在筹划建立国家资历框架，建设和探索之路应既注重深挖和贴近本土特色，也要有国际胸怀和视野，框架的设计与指标体系的制定应注意与国际区域资历框架对接,并主动在区域资历框架建设过程中发挥积极作用,发起和推动"一带一路"沿线国家共同建设资历框架,从理念和制度层面提升我国教育国际影响力,展现教育大国迈向教育强国的新时代风采。

7

终身教育资历框架下的质量保证机制：
欧盟和东盟的策略

【本章导读】终身教育资历框架的建立为各级各类教育的纵向衔接和横向沟通提供了可能,为保证资历衔接的公平、公正和透明,严格的质量保证机制是基础。欧盟建立了基于资历框架下的高等教育质量保证标准和职业教育与培训质量保证参照框架,为欧盟区域内正规教育、非正规教育和非正式学习所获得的资历进行对接互认提供了保证。东盟构建了资历参照框架下的东盟质量保证框架并推动了东盟国家的资历衔接。通过对欧盟和东盟资历框架下的质量保证机制进行探讨与剖析,对我国资历框架质量保证体系的建立提出8点策略性建议:一是形成清晰的建设理念和能准确传达的建设原则;二是建立专门机构以构建质量保证体系;三是构建自上而下的质量保证体系;四是质量保证体系要覆盖各级各类教育;五是质量保证体系建设要以内为主兼及对外沟通;六是搭建内外质量保证体系之间的互动运作;七是相关主体要有充足的话语表达渠道;八是要围绕质量保证体系建设支撑性制度环境,希望为我国终身教育资历框架和配套质量保证体系的构建提供参考和借鉴。

提供包容和公平的优质教育,建立各级各类教育衔接和沟通的终身教育体系,让全民享有终身学习机会,实现全球人才跨区域自由流动,已经成为世界教育改革发展的主题。为实现普通教育、继续教育、职业教育以及企业培训等各级各类教育之间的衔接和沟通,为全社会人士提供灵活弹性的终身学习阶梯,自20世纪80年代中期以来,英国、澳大利亚、新西兰、南非等国家纷纷构建国家资历框架。根据联合国教科文组织等机构2019年联合发布的《全球区域和国家资历框架目录》的统计,全球建立和实施资历框架的国家总数已经超过150个,覆盖联合国列出的193个主权国家的四分之三;国际上基于资历框架的学分互认已经进入跨地区和跨国互认阶段,已经建立了7个区域资历参照框架,为126个国家提供了跨国资历和学分对接的标准(CEDEFOP,2017)。

在建立了资历框架以后,为使各级资历和学分得到认可,建立严格的质量保证系统和评审机制变得尤为重要,没有质量保证,资历框架就失去了彼此互信、公开透明、公正公平的前提,也就难以从根本上进行有效的运行。目前欧盟、东盟、新西兰、澳大利亚、南非、法国等国家和地区已经建立了资历框架下的质量保证机制,并且由政府认可的专业评审机构执行质量保证和评审,学术和职业资历评审机构基于资历框架中的通用能力标准,对相应的学术和职业资历课程进行评审,进入评审名单的课程就能够有资格在政府的资历名册网站向全社会公布,人们也因此可以了解和选择具有质量保证和资历的课程。

在我国,资历框架及其质量保证体系建设起步较晚,但资历框架建设已经成为国家发展战略,并被写入国家"十三五"纲要,建立个人学习账号和学分累计制度,制定国家资历框架将是我国"十三五"期间重要的教育发展命题(国务院,2016)。对资历框架建设的实践,我国主要是从地区资历框架和学分银行建设起步,例如国家开放大学、上海市、广东省、云南省和江苏省在最近几年建立并发布了资历框架,全国有 38 家学分银行已正式挂牌(周晶晶 等,2017)。国内资历框架和学分银行的迅速推动呼吁配套的质量保证机制建设,质量保证是资历框架能否有效运作的核心内容,没有质量保证的资历框架只能是一个空架子,在制定了资历框架的等级和标准后,必须建立国家层面的内部质量保证机制和外部质量保证评审制度(张伟远 等,2017)。

但对如何建设资历框架下的质量保证机制,我国还缺少足够的经验,因此,有必要研究国际上资历框架下质量保证体系的发展和现状,其成功的经验和可行的方法可以为国内国家资历框架建设和质量保证体系构建提供参考。本书旨在通过分析和描述欧洲资历框架和东盟资历参照框架下的质量保证体系的构建历程,为我国制定与国际接轨的国家资历框架下的质量保证体系提供策略性参考。

第一节 欧洲资历框架下的质量保证体系的发展现状和趋势

欧盟在 2008 年发布了欧洲资历框架(EQF),明确了欧洲资历框架的级别和通用标准,作为欧洲国家或者地区资历框架对接的参照标准。为保证欧洲资历框架实施的质量,欧洲议会和理事会发布了配套的"欧洲资历框架高等教育和职业教育与培训质量保证的共同原则",提出了针对高等教育和职业教育与培训的 9 条质量保证准则。为进一步保证资历框架和学分积累与转换制度的公正与透明,实现区域内学习成果和各级各类教育的顺利互认,欧盟通过修订或重新拟订的方式分别发布了针对高等教育和职业教育与培训两类教育的质量保证制度,分别是 2009 年发布的《欧洲职业教育和培训质量保证参照框架》和 2015 年修订发布的《欧洲高等教育质量保证标准和指南》(ENQA,2015)。

一、欧洲资历框架质量保证共同原则

2008 年,欧洲议会和欧洲理事会在《关于建立欧洲终身教育资历框架的提议》中,详细列举了"欧洲资历框架高等教育和职业教育与培训质量保证的共同原则",见表 7.1。

表 7.1 欧洲资历框架质量保证共同原则

序　号	内　容
1	质量保证的政策和程序应支撑欧洲资历框架的所有级别
2	质量保证应该是教育和培训机构内部管理的必要组成部分
3	质量保证应该包括外部监督团体或组织的常规机构评估、课程评估或质量保证制度评估
4	外部监督团体或组织进行质量保证应以常规检查为条件
5	质量保证应该包括背景、输入、过程和输出维度,强调输出和学习成果
6	质量保证体系应该包括以下要素: 清晰和可测量的目标与标准、执行指南和利益相关者的参与; 适当的资源; 持续的评估方法,自我评估和外部评审相结合; 反馈机制和改进程序; 广泛接受的评估结果

续表

序　号	内　容
7	国际上、国内和地区层面的质量保证举措应相互协调以确保综合、连续、协同和系统分析
8	质量保证应是一个教育和培训层次系统的合作过程，包括成员国或跨社区内的所有利益相关者
9	定位在社区层面的质量保证可以为评估和同行学习提供参考

从表7.1可以看出，欧洲资历框架质量保证共同原则为制定配套的质量保证体系提供了一套共同的指南，包括质量保证的范围、构成、运行等共性的参考原则。为进一步落实资历框架所倡导的透明、可比较和可转换的目标，欧洲委员会在2017年修订印发了《关于建立欧洲终身学习资历框架的理事会提议》，新的提议认为原来的质量保证原则只是针对高等教育和职业教育与培训，忽略了非正规教育和非正式学习资历，以及国际资历的质量保证，因此在新的提议中指出"《欧洲高等教育质量保证标准和指南》和《欧洲职业教育与培训质量保证参照框架》为欧洲资历框架质量保证共同原则奠定了基础"（European Council，2017）。但辅助性原则要求，应该充分尊重成员国对适用于国家资历框架的质量保证编制的职责。新的质量保证共同原则覆盖了正规教育、非正规教育和非正式学习，不仅包括各级各类教育，也考虑了区域内和跨区域的学历互认。

二、欧洲高等教育质量保证标准与准则

2005年，由欧洲高等教育质量保障协会、欧洲大学生联盟、欧洲高等教育机构协会和欧洲大学协会共同起草的《欧洲高等教育质量保证标准与准则》提案得到通过，并被各国教育部长采纳。自2005年以后，质量保证及其他博洛尼亚行动计划，如资历框架、学习成果认证和转换的学分积累系统等，迅速发展，并

向以学生为中心的学习和教学范式转变。在此背景下,为改善高等教育质量保证标准与准则的明晰度、适用性和实用性,2012 年欧洲部长会议邀请欧洲高等教育质量保障协会、欧洲大学生联盟、欧洲高等教育机构协会、欧洲大学协会与国际教育集团、欧洲企业组织协会以及欧洲高等教育质量保证注册处合作拟定了《欧洲高等教育质量保证标准与准则修订初始方案》,旨在改善其明晰度、适用性、实用性以及适用范围。2015 年 5 月,欧洲高等教育负责高等教育的各国部长采纳了共同修订的 2015 版《欧洲高等教育质量保证标准与准则》(ENQA,2016)。

《欧洲高等教育质量保证标准与准则》的关键目标在于,促进跨越国界的、所有利益相关者之间学习和教学质量保证上的共识。它在整个欧洲高等教育区国家和机构质量保证体系的发展以及跨界合作中,发挥了并将持续发挥重要作用。高等教育机构和质量保证机构可将《欧洲高等教育质量保证标准与准则》用作内部和外部质量保证体系的参考文件。并且,欧洲质量保证注册处负责为符合该标准规定的质量保证机构进行注册。

《欧洲高等教育质量保证标准与准则》是一套高等教育内部和外部质量保证的标准和准则,但其本身并不是质量标准,亦不提供如何实施质量保证的操作流程,而是为所有对高等教育质量和学习环境至关重要的领域提供指导,见表 7.2。

表 7.2 《欧洲高等教育质量保证标准与准则》的宗旨、原则和组成部分

宗 旨	在欧洲、国家和机构层面,为教和学的质量保证系统建立共同框架; 在欧洲高等教育区,促使高等教育质量保证和改善成为可能; 支持互信,进而促进国际和国内认证与流动; 在欧洲高等教育区提供质量保证信息
原 则	高等教育机构对其教育供给的质量及其质量保证负有基本责任; 质量保证须回应高等教育体系、机构、方案和学生的多样性; 质量保证须支持质量文化的发展; 质量保证须重视学生、所有利益相关者以及社会需求和预期

续表

组成部分	内部质量保证;
	外部质量保证;
	质量保证机构

资料来源:ENQA,2016

三、欧洲职业教育与培训质量保证参照框架

欧洲议会和欧洲理事会于 2009 年 5 月正式通过了《关于建立欧洲职业教育与培训质量保证参照框架的提议》,旨在提供一套供全体欧洲国家使用的参考体系,为欧洲成员国和利益相关方制定、发展、监督、评估和提高职业教育与培训的规定和质量管理条例。该框架既适用于制度层,也适用于教育提供层,因此可被用于评估职业教育与培训规定的有效性。该框架也适用于不同国家体系,可根据具体国家的法律和条款进行相应使用。《欧洲职业教育与培训质量保证参照框架》是对欧洲资历框架和欧洲职业教育与培训学分体系质量保证条款的补充,基于早期的欧洲质量保证体系,例如"共同质量保障框架"和"欧洲职业教育与培训质量保证网"。

《欧洲职业教育与培训质量保证参照框架》包括常规监督(内部和外部评估机制)和过程报告,应用共同质量标准和描述指标以支持监督和报告安排,强调职业教育与培训体系评估、监督和质量保证的共同指标的重要性。框架主要包括质量保障和改进过程、监控过程与质量指标三部分。质量保障和改进过程是一个持续、系统的过程,由计划、实施、评估和检查 4 个彼此相互联系的阶段组成;监控过程主要由内部监控机制、外部监控机制两部分组成;质量指标由 10 个一级指标和 14 个二级指标组成,该项质量指标相互衔接,与质量保障与改进的过程相一致,分别反映在计划、实施、评估与检查的 4 个阶段中,见图 7.1。

该框架对职业教育与培训主要有 3 方面作用。第一,增加透明度和流动

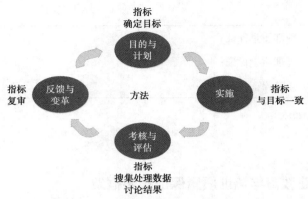

图 7.1　欧洲职业教育与培训质量保证参照框架质量指标

资料来源：EQAVET，2017

性。通过建立欧洲成员国共同认可的质量框架，可以增加职业教育与培训的透明、连续和流动，学习者的资历和能力能得到整个欧洲的认可，从而提供了一个参照工具，提高彼此信任，促进工人和学习者的流动。第二，从终身学习的视角增加渗透性。基于三项欧洲优先发展战略：提高就业率、促进培训供需的匹配度和为终身学习做好准备（特别是针对弱势群体），该框架聚焦于职业教育与培训的学习成果的评估，旨在促进职业教育与培训、普通教育和高等教育之间学习路径的渗透；在没有拓展学习者教育和培训路径的条件下促进学习成果的认证，通过减少劳动力市场和劳动力资历之间的差距解决当前的失业问题，提供更多的终身学习的机会，促进非正规教育和非正式学习的认证。第三，提高职业教育和培训的吸引力。通过保证相互认证，从而促进国际、国家和区域的移动性，职业教育和培训提供者可以丰富培训规定，提高培训课程的吸引力，提高他们在整个欧洲的声誉。该框架是基于职业教育和培训的成果，可以促进职业教育和培训提供者和公司之间的合作。这也意味着职业教育提供者可以加强教育、培训和劳动力市场之间的联系。

第二节 东盟资历参照框架下的质量保证体系发展现状和趋势

一、 东盟质量保证框架

东盟资历参照框架作为一个共同参照框架，是东盟成员国之间进行资历比较的工具，有助于东盟发展终身教育，实现对正规教育以外的学习进行认证，促进东盟地区教育、学习者以及劳动力的共享，引导对资历体系的理解和推动高质量的资历体系建设，但资历框架的功能要有效实现，需要东盟成员国建立一套完整的和可比较的质量保证体系。为实现这一目标，东南亚教育部长组织——地区高等教育发展协会早在 2007 年就提交了《关于东南亚高等教育区域一体化结构框架的提议》，并在 2008 年 3 月的东南亚教育部长组织理事会上得到东盟教育部长的支持。该提议旨在实现教育一体化和创造高等教育共同空间，确定了区域质量保证框架的需求，明确了所有利益相关方通过合作推动能力建设、学生流动、区域学分制度以及促进质量保证的成效。为确保提议的有效实施，同年发布的《吉隆坡宣言》宣布建立东盟质量保证网，分享高等教育质量保证方面的良好做法，合作开展能力建设，促进整个区域的资历认证和跨境流动，并为东南亚制定区域质量保证框架。东盟质量保证网于 2014 年正式注册成立，其秘书处设在马来西亚资历局。2016 年，东盟质量保证网被正式认定为东盟旗下的实体机构，组成成员包括会员和准会员。会员由不定期召开的圆桌会议确定，包括高等教育质量保证机构和其他组织的质量保证机构。准会员由东南亚国家关心和积极参与高等教育外部质量保证和质量提升的组织构成。

　　东盟质量保证网在推动建立东盟质量保证框架方面发挥了重要的作用。早在 2011 年,在文莱首都斯里巴加湾市举行的东盟质量保证网圆桌会议就决定开展"东南亚地区东盟高等教育质量保证框架(AQAFHE)"项目,并专门成立了工作组来推进该项目。东南亚地区东盟高等教育质量保证框架的目的是通过制定具有区域特征的高等教育质量保证框架,促进高等教育区域一体化,其发展将有助于区域学位和资历的认可,建立协调、统一、多样化的东盟地区高等教育体系、文化体系和历史传承体系。

　　2013 年在越南河内举行的东盟质量保证网圆桌会议上,东南亚地区东盟高等教育质量保证框架获得批准。在 2014 年,东南亚地区东盟高等教育质量保证框架正式简称为"东盟质量保证框架"(AQAF),使其更具包容性。东盟质量保证框架由 4 部分内容组成,共有 40 个条例,涉及外部质量保证、外部质量保证标准和流程、内部质量保证以及国家资历框架,见表 7.3。

表 7.3　东盟质量保证框架组成部分和条例

组成部分	内　　容
外部质量保证	东盟国家的外部质量保证应有使命和共同目标声明;外部质量保证具有既定的法律依据,得到了本国主管机构的正式认可和信任;外部质量保证对其业务操作有自主权力,其决策过程和判断不接受无关影响;有一个标准和透明的委任董事会成员系统;外部质量保证的政策和管理措施是基于良好治理、透明度和问责制;作为内部持续改进系统的一部分,外部质量保证紧跟质量保证的最新发展和创新;外部质量保证拥有足够的资源;外部质量保证与国内外的主要利益相关方保持合作;有一个可靠的系统来控制、审计和评估其所有操作流程;向公众通报当前的政策、程序、规范、标准和评估结果

续表

组成部分	内　容
外部质量保证标准和流程	学生和社会的利益应该处于外部质量保证过程的前沿;标准必须与国际良好做法相当,并与高等教育机构的内部质量保证有关;制定标准必须有利益相关方的参与,以满足当前的需要;标准必须向公众开放并持续应用,并适当考虑到文化的多样性;过程通常包括计划或机构的自我评估报告、现场考察、反馈、正式决定和后续程序;评估必须客观、公平、透明,并在适当的时间范围内进行;定期提供适当培训,以便评估员的发展;确保评审员的敬业精神和道德操守;质量保证活动和过程要基于周期性评估,以促进持续改进;建立申诉机制,并向公众开放
内部质量保证	高等教育机构对质量负主要责任;质量保证促进机构自主权和公共责任之间的平衡;质量保证是各级人员参与和合作的过程,包括学术人员、学生和其他利益相关者的参与;质量文化支撑着所有机构活动,包括教学、学习、研究、服务和管理;建立了具有明确责任的、结构化和功能完善的内部质量保证体系;质量保证体系由高层管理人员颁布和支持,确保有效实施和可持续发展;应提供足够的资源,在机构内建立和维持有效的质量体系;机构应有正式的审批机制、定期审查、方案和奖励监督;定期监测和审查质量,以便在各个层面不断改进;机构、计划、成果和质量流程的相关和最新信息可供公众查阅
国家资历框架	促进学习和培训的渐进本性,包括对先前学习的认可;通过认可资历(包括终身学习),支持学生和员工的流动;基于学习成果,强调以学生为中心的学习;支持学习路径和进展的一致性、透明度和灵活性;通常由级别和指标定义,并且可以基于学分系统进行互认和转换;必须得到国家有关政策的支持;必须征求利益相关者的意见,同时,利益相关者要积极参与制定和实施国家资历框架;国家资历框架的实施由授权机构进行,并得到一套同意的质量保证原则和标准的支持;是动态的,应该进行审查,以满足不断变化的需求和发展;应由授权的信息中心进行补充

东盟质量保证框架是对通用原则和良好做法的陈述,而不是规定性的条款,其目的是促进内部和外部质量保证的良好做法以及在东盟成员国建立和实施国家资历框架。东盟质量保证框架旨在为东盟国家之间提供质量保证的共同基础和相互理解,其一般原则在国家层面上产生共鸣,通过使用这些原则,东南亚质量保证实践的一致性将得到改善。通过质量保证框架,可以加强资历认证程序,提升质量保证机构工作的信誉,促进东盟共同体的流动;机构和质量保证部门之间的相互信任和理解将得到发展,认证制度的相互承认将得到快速跟踪。

二、东盟质量保证框架的参照指南

东盟质量保证框架是一个自主开发的文件,支持东盟价值观、期望和质量保证的良好做法,将外部质量保证与内部质量保证以及资历框架相结合,旨在惠及东盟成员国的所有外部质量保证部门和机构。总体而言,这种方法是发展的,以满足外部质量保证机构的不同需求。

东盟质量保证网及其合作伙伴鼓励其成员利用东盟质量保证框架作为改进和统一国家质量保证体系的工具,要求各成员国在适当的时候努力使其质量保证体系与东盟质量保证框架保持一致。东盟质量保证网通过其咨询作用和能力建设活动,协助其成员将质量保证和资历认证体系与东盟质量保证框架原则保持一致,并提供对接指导,见表7.4。

三、东盟质量保证发展的现状

东盟国家高等教育体系和质量保证方法的组织方式非常不同,并往往遵循不同的标准和程序,在质量保证发展过程中主要存在以下显著差异。

1. 质量保证机构和组织形式。大多数东盟成员国拥有至少一个质量保证机构,负责学习计划或整个高等教育机构的外部监督和审计,但也有成员国没有单独的质量保证组织,例如缅甸。另外,质量保证机构的数量和组织形式有所不同,例如,越南最近成立了3个区域组织,以分散此前由国家教育培训部中央集权式的管理制度。

表7.4　东盟质量保证框架参照指南

项　目	内　容
参照流程	(1)发起框架参考进程的成员国应告知执行委员会其打算 (2)成员国准备自我评估报告以表明其在建立质量保证体系和实践方面与东盟质量保证框架的一致性,自我评估报告一般由内部审计小组准备 (3)自我评估报告提交给东盟质量保证网技术咨询委员会进行审查和反馈,技术咨询委员会对该成员国的外部质量保证进行实地考察,以便对自我评估报告进行验证 (4)技术咨询委员会跟进访问 (5)技术咨询委员会向执行委员会提交报告供审议
参照范围	(1)国家质量保证体系与区域质量保证框架的对接或一致性通常包括建立外部质量保证的原则、质量保证政策、外部质量保证标准和流程以及内部质量保证组成部分 (2)东盟质量保证框架代表了一个全面和完整的质量保证参考框架,它由以下原则组成,包括外部质量保证、外部质量保证标准和流程、内部质量保证以及国家资历框架;此外,还必须纳入有关资历和国家资历框架的原则 (3)外部质量保证应努力从一个整体的角度参考东盟质量保证框架,但是,参考外部质量保证、外部质量保证标准以及内部质量保证是可以接受的,特别是在没有国家资历框架的情况下。有效的质量保证体系需要在确保计划和机构质量的同时,明确外部质量保证与内部质量保证之间的相互作用或联系

2.质量标准及其在外部质量保证流程中的应用。通常而言,机构和课程层面都有质量标准,例如印度尼西亚和马来西亚;但某些则只涉及单个层面,例如柬埔寨、老挝和越南主要针对制度层面;有些成员国还正在起草标准,如越南,

课程等级标准即将发布,缅甸则刚开始起草标准,泰国和印度尼西亚则有单独的外部质量保证和内部质量保证的标准,并由不同部门或组织管理。

3. 评估或实施的水平和范围。柬埔寨、老挝和越南正在执行专门的机构审计,但菲律宾则将学习计划作为最重要的评估水平。一些国家外部质量保证实施是在自愿的基础上进行的,但某些国家则将认证作为公共资助的先决条件。

4. 政策实施重点和聚焦。根据已经投入制定国家质量保证体系的时间表,以及国家社会经济状况等因素,成员国政策实施重点不尽相同。例如,像新加坡这样的发达经济体重点在促进优秀案例研究,而像老挝这样的"新来者"则要集中力量解决人口不平等而导致的不平等的获取机会。

此外,东盟地区存在一些共性的问题,例如:高等教育总体的扩张和越来越多的大学;加强东盟地区的国际合作与地区协作;提高教学过程质量等。

第三节 制定我国资历框架下的质量保证体系的策略性建议

中国的教育国情是约 14 亿人口和 960 万平方公里的区域涵盖着形形色色的教育机构和学习者类型,面临着质量参差不齐、区域发展不均衡等现实问题。在中国建设资历框架及其质量保证机制,要充分考虑中国特有的教育运行情况,吸取欧盟、东盟资历框架建设的先进经验和不足之处,形成以理念为先导,以专门机构为依托,以自上而下为基本路径,以覆盖教育全体系为目标的质量保证体系。

一、要形成清晰的建设理念和能准确传达的建设原则

1. 以成效为本的理念贯穿资历框架下的质量保证体系建设的全过程。无论是欧盟还是东盟的质量保证体系建设,都强化了以成效为本的建设理念,强

调人才培养"输出端"的质量。"成效为本"是一种从输出视角看教育系统成效的方式,也就是"用能够使学生达成目标的可测量的术语进行陈述,然后设计课程使他们知道如何去做"(章玳,2014)。成效为本关注的是学习者实际习得行为,符合资历框架所面向的多种类型,也由于其操作的要求是学习者的行为可以测量,能真正起到质量保证的功效。要面向中国如此复杂的教育体系建立质量保证,需要对办学主体办学行为产生的效果进行准确的评价。

2. 要建立质量保证的可传达性原则。从欧盟和东盟资历框架下的质量保证体系建设来看,能准确把握质量保证的原则是成功推进的关键。具体到中国质量保证体系建设上,需要建立起多样性、开放性、托底性、以内部为主等原则。多样性指的是质量保证必须对中国高等教育多种形态、多种方式培育的学习者产生作用。开放性指的是质量的标准是"输出端"的质量,也就是学习者所表现的知识、技能和能力的评价标准。这样对于扩大学习成果的来源,推进终身教育体系的构建有积极的作用。托底性指的是质量保证体系的标准应该是行业企业、社会与学习者共同支持的标准。过高的标准会损害学习者的利益而受到抵制,过低的标准无法满足社会对人才的需求而显得毫无价值,教育机构的标准应该是托底性的标准,即基本满足行业的需求。以内部为主指的是整个质量保证体系要以内部质量保证体系为主,教育机构自身需要对教育产品的质量负责,市场通过岗位认可和第三方抽检发生作用。

二、建立专门机构以构建质量保证体系

要保障质量保证体系的法律地位和有效实施,资历框架下的质量保证体系应该包括3个方面的组织架构。第一,组织机构。质量保证需要国家或政府层面的立法和管理,这需要国家层面的组织机构,比如教育部成立单独的资历框架下的质量保证部门或机构来推动立法、制定政策、实施协调、制定标准等。另外,各层级教育机构也应有相应的质量保证制度和管理部门,同时社会组织,包括企事业单位、社会中介组织、行业协会等,也要积极参与质量保证工作。只有

通过组织机构的有效管理和组织,才能提高质量保证体系的社会地位和社会可信度。第二,质量标准。要建立质量标准体系,对输入质量标准、过程质量标准和输出质量标准有明确的指标要求。第三,运行机制。如何开展质量保证,对质量保证的活动类型,如质量控制、质量评估、质量审计等,要有标准化的执行程序。

三、构建自上而下的质量保证体系

欧盟和东盟质量保证体系建设都强化了自上而下的运行方式。中国资历框架下的质量保证体系也可以借鉴其自上而下的运行方式,同时根据国家情况,强调在基层教学单位实施自我诊断,不断地提升质量。质量保证从根本上来说,是质量托底的保障,也就是要保证最低质量。显然,没有达到最低质量的教学机构要受到制约,同时,超过最低质量的教学机构应该受到鼓励,支持他们按照质量保证体系的运行方式,对自身质量进行诊断,不断提高他们的教育教学水平和人才培养质量。因此,在中国资历框架下建设质量保证体系,首先要从国家层面,一层指导一层地强化标准,建立起符合我国经济社会需求的最低质量;其次要通过一定的激励、制约和保障机制,支持超过平均水平的教育机构,提升社会的整体教育质量。

四、质量保证体系要覆盖各级各类教育

资历框架是各级各类教育衔接和沟通的工具,要实现各级各类教育的有效对接,则应建立覆盖各级各类教育的质量保证体系。我国目前各层级教育涵盖从幼儿到博士教育,具体包括学前教育,小学,初中,高中/中职/中技,专科/高职,本科/应用本科/学士,硕士研究生/学术硕士/专业硕士,博士研究生/学术博士/专业博士,要对每个层级的教育建立相应的质量保证制度。我国目前的教育类型,包括普通教育、继续教育、远程教育、职业教育和培训,与此同时,随

着学习型社会构建进程的加速,越来越多的学习者通过各种途径提高自己的知识技能,已经形成了正规学习、非正规学习和非正式学习的多种学习类型。拟建的质量保证体系应该是基于国家资历框架级别和能力标准覆盖各级各类教育。

五、质量保证体系建设要以内为主兼及对外沟通

以内为主指的是质量保证体系的服务对象是国内的不同层级的教育机构。质量保证体系最重要的目标是保证国内教育体系的基本质量,符合国内现实,因此,质量保证体系建设要以国内现实为准,以专业为单位,对照行业在国家转型升级中对能力标准的具体要求设计质量保证和质量保证运行的体制机制。同时也要在教育国际化和一体化的现实背景下,思考如何实现全球各国人才的自由流动、各级各类资历的互认和各种学习类型的认可,要能有效对接国际上已经比较成熟的质量保证体系和运行机制,特别是与欧盟、东盟等区域性组织建立有效的对接机制。

六、搭建内外质量保证体系之间的互动运作

从欧盟、东盟的质量保证机制的运作来看,第三方监督机制通过评估对质量保证的运行发挥了很好的作用,张伟远教授等也提出要尽快建设评审制度。从中国的经验来看,邀请第三方监督机制,通过问责、控制、指导、开展国际比较等方式,可以有效地保证质量。可以设置专业的质量保证机构,赋予他们相应的权力,促使他们对不履行质量保证相关要求的教育机构予以警示,并积极与地方教育行政部门进行沟通,通过资源的调配、人员的调动等方式,实施控制和指导。同时,内部质量诊改的成效,也需要通过相应的机制向第三方进行反馈,通过内外沟通,最终实现基于质量标准的深度互动。

七、相关主体要有充足的话语表达渠道

质量保证体系不能成为相互割裂的主体,而应在建设中设计充足的话语表达通道。首先,与质量保证体系相关的话语主体,应该通过共同协商的方式,表达自身的相应标准和运行方式的意见和立场。其次,要通过大数据收集企业和其他用人单位对不同层次人才的知识、能力和技能的真实需求,并将其结果注入质量保证体系的建设过程中,确保质量保证体系所保证的内容不失真。最后,要切实落实学习者的权益。对学习者来说,过高的标准降低了自身获取相应资历的能力,这一点是显而易见的。如果用一个清华大学的知识、技能、能力的标准来衡量一所高职院校的学生,那么国内大部分学生不可能达到相应的标准,这会导致学习者的利益受损。

八、要围绕质量保证体系建设支撑性制度环境

从欧盟质量保证运行机制来看,其质量保证体系与劳动力市场紧密联系,这就是配合性的制度对质量保证体系运行的支持。质量保证体系不应该成为一个孤立的系统,而要与中国人力资源与社会保障部门等形成良好的互动,建立起与质量保证体系相关联的体系。跳出质量保证本身,教育体系的许多行为与质量相关,比如资源的投入、劳动力市场、职称与职级晋升通道等。质量保证体系对接的是相应层次的"资历",但"资历"是一个在特定社会情境中才能发挥作用的产物。因此,与质量保证体系相关的制度要连贯,确保相互支持,发挥质量保证的导向作用和控制作用。

8

基于终身教育资历框架的MOOC学习成果认证与衔接

【本章导读】"知识爆炸"时代加速了知识的更新和交替,联通主义学习理论应运而生,为数字时代学习者的学习活动和网络学习提供了新的解释视角。基于联通主义学习理论的 MOOC 为学习者提供了数字时代正规教育以外灵活选择非正规教育和非正式学习路径的可能,但高辍学率和学习成果认证不足成为 MOOC 持续发展的瓶颈性问题。基于终身教育资历框架的理念,构建 MOOC 学习成果认证和衔接的模型,为 MOOC 学习成果与各种教育类型进行横向沟通和纵向衔接奠定了基础。为推动基于终身教育资历框架的 MOOC 学习成果认证和衔接的后续发展,本书提出了 4 方面的策略建议:第一,发挥 MOOC 学习成果认证的潜在优势,推动终身教育体系和学习型社会建设;第二,突破教育管理体制机制壁垒,引导政府教育政策法规的颁布与实施;第三,坚守质量发展底线,以质量助推基于资历框架的 MOOC 开发与成果认证;第四,坚持开放合作共赢格局,积极联手各方利益相关者的参与。

"知识爆炸"加速了知识的更新和交替,知识的出现、讨论、接受、质疑和消失的周期大大缩短。在"知识爆炸"时代,时间被视为知识的维度,知识的半衰期比以往任何时候都短,软知识、知识自由等成为教育领域新的关注热点(Arbesman,2014)。作为一种新的学习理论,联通主义也因势而生,以解释学习者之外发生的学习并描述网络学习。在联通主义视角下,知识的结构被描述为一个网络,学习被演化为一个连续的网络探索、模式发现和模式识别过程(Aldahdouh et al.,2015)。为实践联通主义理念,2008 年,乔治·西门子(George Siemens)、史蒂芬·道恩斯(Stephen Downes)和戴夫·科米尔(Dave Cormier)尝试开发了首门基于联通主义的在线课程——联通主义和连接知识(Connectivism and Connective Knowledge,CCK08),成功吸引了全球 2 200 名学生。这是世界上第一门大规模开放的在线课程,也宣告了被誉为 500 年来高等教育领域最为深刻的技术变革——MOOC(Massive Open Online Courses,MOOC)的诞生。随后,MOOC 的理念很快在其他教育学术机构中找到了盟友,并迅速成为教育改革背景下多种教育困惑的最佳潜在解决方案。在 2011 年,超过 16 万名学生参加了斯坦福大学提供的在线人工智能课程(Online Artificial Intelligence),该课程开启了 MOOC 开发的第二阶段,也推动了 MOOC 的发展从大学转移到了公司,而 Udacity,Coursera 和 edX 则是 MOOC 商业化运作的领导者(Perez-Pena,2012)。作为在线课程,MOOC 有两个显著特征:开放性和规模化。开放性体现了联通主义的核心概念,意味着课程参与的自由,内容和设计的透明度,以及学习者学习的自由。从学习者的角度来看,开放性的特征使 MOOC 课程完全可以无限制地访问,注册课程不需要学费,不用身份证明,也无须过往条件或认证,因此,每一门 MOOC 可能拥有不同背景、语言、年龄和文化的异质学生(Jacoby,2014)。而规模化则赋予了课程学生数量可以不断扩大的可能性,是课程在网络环境中呈现没有约束的过程的结果,因此,看到单个 MOOC 的学生数量超过一些大学整体注册学生人数是正常现象(Markoff et al.,2011)。

但 MOOC 在持续发展过程中,受到了许多教育工作者和研究人员的质疑和批评(Bartolomé et al.,2015)。高等教育机构在应用 MOOC 时也采取了不同的立场——有些正在开发 MOOC(生产者),有些正在使用由其他个体或机构开发的 MOOC(消费者),有些正在等待 MOOC 发展的结果(旁观者),而另一些则坚决反对任何形式的 MOOC(反对者),在 MOOC 反对者中甚至包括欧洲最好的高校:牛津大学和剑桥大学(Auyeung,2015)。此外,美国发布的"在线教育跟踪调查报告"显示,有 39.9% 的美国高等教育机构尚未决定是否采用 MOOC(Allen et al.,2015)。

在 MOOC 质疑和批评声中,讨论最多的是高辍学率。2011 年斯坦福大学开设的在线人工智能课程吸引了 16 万名注册学生,授课教师是两位人工智能领域全球知名的专家,但最后只有 2 万名学习者成功完成了课程学习,辍学率高达 87.5%,而普通 MOOC 的辍学率甚至更高,平均完成率低于 10%(Rodriguez,2012)。MOOC 面临的另一个巨大挑战是课程学习成果的认证,这也是联通主义学习理论的优势中蕴含的致命短板。在基于联通主义的 MOOC

学习过程中,学习者的学习内容、方式和进度不尽相同,学习者可以在正式注册课程之前使用该门 MOOC,或者在学习过程中完全独立于课程的运行,自行设计学习进度,因此如何进行课程评估或给予学分十分困难,因此,传统的认证模式对 MOOC 而言变得完全不合适。高辍学率和认证是 MOOC 不得不面临的两大现实问题,但二者在实质上又是紧密相关的。引起 MOOC 高辍学率的原因很多,但学习认证无疑是最主要原因之一。课程无法得到认证,导致课程缺少权威和雇主的信任,在心理上降低了学习者的积极性和自我约束力,降低了学习者的获得感和成就感,从而增加了课程的辍学率(Aldahdouh et al, 2015)。

如何有效实施 MOOC 学习成果的认证,降低 MOOC 的辍学率,提升 MOOC 的质量和社会影响力,成为 MOOC 未来发展中不得不关注的问题。基于成效为本理念的终身教育资历框架为各级各类教育之间的学习成果认证与衔接奠定了基础和打通了壁垒,本书拟基于终身教育资历框架理念构建 MOOC 学习成果认证和衔接的模型,为 MOOC 学习成果认证提供策略参考。

第一节　MOOC 学习成果的认证策略与实施困境

MOOC 学习成果认证是指给予在线 MOOC 学习者在完成课程要求以后学分或凭证的过程。通常来说,学生在线注册、学习并成功完成 MOOC 要求以后只能收到课程结业的邮件,但为了保证课程质量和所获得证书或学分的可转移性,提高课程本身的包容性、趣味性、吸引力和影响力,大部分的 MOOC 提供者都在不断尝试开发多种不同方式的课程认证,这也包括世界上最著名的几大 MOOC 平台:Coursera(美国)、EdX(美国)、Udacity(美国)、FutureLearn(英国)、Cognitive Class(美国)和 Iversity(德国),其认证方式见表8.1。

表 8.1　国际主要 MOOC 学习平台课程认证方式

MOOC 平台	提供课程数	课程认证
Coursera	3 069	4～6 周学习提供电子课程证书;4～6 月学习提供专业证书;1～3 年的专项课程学习提供认可的学位
EdX	2 232	雇主或大学提供专业证书、微硕士课程证书、网络硕士学位、美国大学一年级课程学分,系列课程提供专业成就证书
FutureLearn	532	短期学习提供课程证书;深度学习提供专业或学术证书;在线学位,学习者获得专业认证或学术学分,可用作学分转换,以缩短大学学位的时间并降低成本
Udacity	170	提供纳米学位(Nanodegrees),学生可以选择短期课程并获得纳米证书(比完全学位要求要低)
Cognitive Class	74	提供课程徽章和证书,没有学术学位
Iversity	60	提供课程参与证书、课程完成证书和补充证书

资料来源：Coursera, 2019；EdX, 2019；FutureLearn, 2019；Cognitive Class,2019；Iversity,2019

从表 8.1 可以看出,国际著名 MOOC 平台提供了各种各样的认证形式,包括徽章、证书、学位等,但更明确的成果认证仍显不足,原因在于 MOOC 认证是一个非常复杂的过程。在传统正规教育中,学生完成学习任务即可获得学分,但学生的学分往往由学术机构授予,而学术机构本身获得了认证机构的授权。在很多国家,官方的认证机构是国家教育部,因此,传统正规教育的课程认证路径清晰而又权威,得到大众的认可和支持。对 MOOC 而言,认证方式完全不同,学生在线注册单一课程,但没有严格的学位获取计划和路径可遵循。尽管有些 MOOC 提供者开始提供系列专业课程,但即使学生能够完成上述系列课程,也不意味着可以获得学位,如果一个学生获得证书,也无法保证可以与传统教育的学位进行学分互换。甚至有学者宣称"MOOC 提供者在课程认证过程中是完全失败的"(Auyeung, 2015)。尽管如此,MOOC 的认证却非常重要,从在校学生的视角来看,认证似乎是他们对 MOOC 的重点关注之一,这也显示在 EdX 课程学习中,其中有 57% 的参与者在调查中表示他们有获得证书的意图(Ho et al.,2015)。对 MOOC 提供者而言,认证同样重要,因为关系到对课程大量投入的利益回报或预期效应的实现。

目前,国内外对 MOOC 学习成果认证的理论研究也如火如荼,主要可以分为以下几类:第一,MOOC 学习成果认证的类别和模式。例如:有学者提出 MOOC 认证可以分为学历教育和非学历教育认证。学历教育认证主要以学分认证为主,包括中介组织推荐模式、先前学习评定模式、"挑战考试"模式、监考考试模式、混合教学模式、本校生学习模式、"诱饵"模式;而非学历教育认证则主要是非学分认证,包括课程证书认证、自我认证、项目证书认证、微专业认证、微学位认证等(樊文强,2015)。第二,MOOC 学分认证的策略。有些学者提出了政府主导的政策变革和公共认证体系建设,创建基于 MOOC 平台的学分银行,高校校际资源共享,开展基于 MOOC 的混合式教学等策略。第三,MOOC 学习成果认证的工具。例如有些学者提出了学分类工具和水平认证工具,前者如学分标尺、实际学分数据等;后者则主要有定性认证工具、定量认证工具、数字徽章等(张涵 等,2018)。此外,也有学者关注 MOOC 学习成果认证的过程质量监督和把控与高等院校课程融合和学分互换的实践等(Joseph et al.,2019)。但总体而言,MOOC 认证的实际结果在国内外都不尽如人意,一方面是因为难以解决教学评测、身份验证、线上课程质量监管、高校联盟间资源壁垒、公共认证体系不完善、学分管理制度缺失等问题,而这也或许源自 MOOC 开放、灵活和易变的本性与质量保证和认证要求之间的矛盾;另一方面是国内外对 MOOC 学习成果的认证的研究主要局限于 MOOC 的教学功能,而没有从全局上关注 MOOC 的教育功能和社会功能。MOOC 在改变传统教育模式的基础上,最大的教育和社会贡献是为那些无法或不便于接受高质量教育的人群提供了再次学习的机会,为教育的全纳、公平和公正提供了新的路径,从而也服务于社会的和谐和可持续发展,因此现有 MOOC 的学习成果认证研究应该在理论上和实践上找到新的理论基础和发展指南。

第二节　终身教育资历框架下 MOOC 学习成果认证的理据

在数字化革命时代以前,非正规教育主要指由雇主、社区协会或其他教育提供者向成人提供的一种灵活的正规教育类型,而非正式学习主要指发生于正规教育以外,在家庭、工作、休闲等环境中的学习。随着终身教育理念在全世界的推行和教育信息技术的发展,人们对正规教育以外的非正规教育和非正式学习越来越重视,也让原本局限于正规教育机构的教育走向大众成为可能。非正规教育和非正式学习强调学习与生活的有机结合,学习活动可以发生在家庭、学校和社区等个人生活的所有场景中,并且可以贯穿人的整个一生。在推动非正规教育和非正式学习发展进程中,开放教育资源(OER)和 MOOC 发挥了重要的作用,但也提出了另外一个重要的命题,即对非正规教育和非正式学习成果的认证。早在 2009 年,联合国教科文组织(UNESCO)的 144 个成员国就在第六届国际成人教育大会上集体通过了《贝伦行动框架》,提出认证所有形式的学习成果,尤其是非正规教育和非正式学习成果。随后联合国教科文组织、国际经合组织和欧盟三大著名国际组织先后发布了针对非正规教育和非正式学习成果认证的研究报告和工作指南,以指导各成员国特别是发达国家和地区的学习认证实践(王海东,2018)。

国际组织在提倡对非正规教育和非正式学习成果进行认证的路径上特别强调通过建立等值的资历框架来开发和改进各种学习成果认证的机制。终身教育资历框架指根据知识、技能和能力的要求,构建的一个连续的被认可的资历阶梯。其目标是实现普通教育、继续教育、职业教育和企业培训之间的衔接和沟通,从而认证人们通过正规教育、非正规教育和非正式学习所获得的各类学习成果,为全社会成员提供最合适的、个性化的以及灵活弹性的终身学习阶梯(European Parliament,2008)。在通过终身教育资历框架将非正规教育和非正式学习成果认证活动联系起来的活动中,欧洲国家走在前面,例如:奥地利已有 15 份成人教育和第二次机会教育的非正式证书直接列入奥地利国家资历框架;在丹麦,国家资历框架对私营和公共部门的非正规资格和证书的直接登记越来越开放;在其他欧洲国家,欧洲学分转换体系已被用作链接国家资历框架和正规教育框架的通行工具,克罗地亚、塞浦路斯、捷克共和国、爱沙尼亚、芬兰、希腊、爱尔兰、意大利、拉脱维亚、立陶宛、荷兰、挪威、波兰、斯洛伐克也有类似的发展。基于终身教育资历框架的非正规教育和非正式学习的认证已经长期以来以各种方式在欧洲国家存在,并且不局限于在高等教育层次。而在国家资历框架相关系统开发的早期阶段,最常见的也是将非正规教育和非正式学习的认证重新配置为过往学习成果的评估和认证(Harris et al., 2018)。以大规模开放在线课程(MOOC)形式提供的非正规教育和非正式学习是数字时代正规教育之外的一种灵活选择,这些课程学习成果恰恰可以在基于资历框架下的过往学习评估机制和成效为本的能力框架下被正式认证,并与其他教育类型进行衔接。

第三节 终身教育资历框架下 MOOC 学习成果认证与衔接模型

基于终身教育资历框架的理念、功能和作用,本书构建了 MOOC 学习成果的认证和衔接模型,见图 8.1。

基于终身教育资历框架的 MOOC 认证与衔接模型包括 3 个独立而又相互联系的进阶。

第一,MOOC 的开发、学习与认证。MOOC 的有效开发和实施必须是"合力"的结果,众多利益相关方的合作与积极参与,可以保证课程设计的科学性、课程内容的适用性、课程实施的可行性。MOOC 的利益相关方包括学习者、政府机构、教育与培训院校、教学与考评人员、工会等社会组织、私营机构、社会公

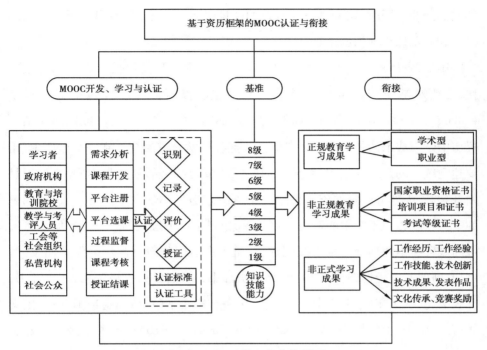

图 8.1　MOOC 认证与衔接模型

众等。而 MOOC 课程的设计和学习过程必须要有质量意识、服务意识、责任意识和大众意识,每一门 MOOC 开发的前提是做好需求分析,对特定学习群体的学习背景和学习环境有深入的了解,基于学习者认知和社会经济发展需求设计和开发课程,杜绝功利性开设课程,避免课程开设的随意性所导致的资源浪费。课程开设以后,学习者要进行课程平台注册和选课,课程学习过程要有质量监督和监管,这也是 MOOC 课程后期学习认证的基础性保障。如何通过现代信息技术对学习者的身份进行有效识别,学习轨迹进行有效记录,防止学习过程中"冒名顶替"或"敷衍塞责"将是 MOOC 学习监控的关键,而大数据、人工智能、云计算等新兴互联网技术的发展无疑为 MOOC 学习过程的质量监督提供了可能。课程学习完成后,理应进行课程考核和评估,形式可以多样化,但必须基于严格的考核标准。MOOC 课程的具体认证过程一般包括识别、记录、评价和授证 4 个阶段,但应该建立科学的认证标准,而认证标准必须清晰明确、科学公正和权威透明。同时,认证离不开有效的认证工具的开发,包括提取课程证据的工具和展示课程证据的工具。

第二,资历框架基准。要实现 MOOC 学习成果与其他教育类型的有效衔接,必须对基于资历框架的基准进行对接。资历框架基准包括资历级别(Qualifications Levels)和资历标准(Qualifications Criteria)。资历级别即对某一资历中学习成果的相关要求。资历框架把各种学习成果统一到一个框架中,需要建立统一的资历级别的划分,不同国家的资历级别的划分是不同的,但都是由低到高,大部分国家的资历框架的第一级相当于小学水平的资历,也有国家的第一级就相当于初中的资历,最高级都相当于博士层次的资历。在第一级和最高级资历中间划分的资历级别数量,是根据本国的教育和培训体系而定的。例如:新西兰资历框架分为 10 级,即一级证书,二级证书,三级证书,四级证书,五级文凭,六级文凭,七级学士学位,八级荣誉学士学位、研究生证书、研究生文凭;九级硕士,十级博士(New Zealand Government,2016)。本书采用欧洲资历框架的 8 级等级作为 MOOC 学习成果认证的参考基准,其根本原因是欧洲资历框架在全球享有的影响力和领导力。资历框架级别的划分一般基于资历标准,资历标准可以保证各种学习成果的可比性和转换性,而资历级别标准最常见的是从知识、技能、能力 3 个维度表述,典型的如欧洲资历框架通用标准。资历级别越高,对学习者的知识、技能和能力的要求也越高,每一级别的资历都有详细的通用标准说明。资历框架级别标准的建立,为教育和培训机构开设不同资历级别的课程,或者为非正规学习和无一定形式学习所获得的学习成果认证,提供了统一的标准和指南,见表 8.2。

表 8.2 资历框架的资历级别标准维度

维度名称	维度说明
知识 (Knowledge)	不同领域对知识的含义的解释是不同的。在资历框架中,知识是指与学习或工作有关的理论、原理、事实和实践,包括理论性、事实性、技术性和实践性知识

续表

维度名称	维度说明
技能 （Skills）	不同领域对技能的含义的解释是不同的。在资历框架中,技能是指在学习或工作环境中,应用相应的知识和方法,通过练习完成任务和解决问题的活动方式,包括认知技能(运用逻辑、直觉和创造性思维)以及实践技能(动手操作和运用不同的方法、材料、工具和仪器)
能力 （Competence）	不同领域对能力的含义的解释是不同的。在资历框架中,能力是指在学习或工作环境中所需要的自主能力和担负职责的能力

资料来源：European Commission，2008

第三,学习成果的衔接。MOOC 学习成果通过基于资历框架基准的等级级别和标准维度,实现与正规教育、非正规教育和非正式学习成果之间的衔接。其中正规教育包括学术型教育和职业型教育,学术型一般包括普通教育的小学、初中、高中、大专、本科、学士、硕士和博士教育,而职业型教育主要以应用型人才培养为主,除了小学和初中与学术型教育相同以外,高等教育主要包括高等职业教育、专业学士、专业硕士和专业博士教育。非正规教育主要由国家政府部门或教育机构提供的职业资格培训,包括国家职业资格证书、培训项目和证书、等级证书等。非正式学习成果则主要包括工作中和生活中获得的各类知识和技能,例如工作经历、工作经验、工作技能、技术成果、发表作品、竞赛奖励等。

第四节 讨论和启示

虽然对许多开放教育支持者而言,MOOC 不一定非要得到认证,美国政府、世界银行、美国自然历史博物馆、现代艺术博物馆(纽约)、谷歌和美国电话电报公司(AT&T)等许多非大学组织已成功运行了大量 MOOC,并提供开放和免费的服务以满足学习者需求,也得到了公众的认可和欢迎(COL,2015)。但 MOOC 的持续发展始终无法绕开学习成果的认证,终身教育资历框架为 MOOC 学习成果的认证以及与其他学习类型的衔接提供了新的视角,从宏观的角度为 MOOC 学习成果认证和衔接提供了发展框架。但终身教育资历框架在我国还在发展的初期,对于基于终身教育资历框架的 MOOC 学习成果认证和衔接的后续发展,有如下思考和建议。

一、发挥 MOOC 学习成果认证的潜在优势,推动终身教育体系和学习型社会建设

作为互联网发展带来的一种教育创新,MOOC 为所有人获得高质量的学习机会提供了可能,大规模、开放性和在线化的课程属性为众多群体接受高等教育提供了便捷,惠及的社会群体包括因地理位置不能参加校园教育的学习者,残疾人士,有其他责任的学习者(如照顾孩子或老人等家庭成员的学习者),无法负担大学费用或必须在学业期间工作并创收的学习者,喜欢在线或兼职学习而不是全日制校内的学习者,无法获得高质量教学的学习者,已经具有高等教育资格但希望再继续扩展经验的学习者,未能在较低级别获得足够学分以便能够获得传统大学课程的学习者,希望在进入传统大学课程之前获得该资历级别学习经验的学习者等。MOOC 为不同年龄、不同群体、不同背景的学习者实现处处可学、时时可学奠定了基础,其灵活性和便利性突破了传统学校教育的壁垒,学习者的普及型和参与度可以实现指数级增长,对一个国家终身教育体系和学习型社会建设大有裨益。通过 MOOC 学习,人的学习可以纵向地贯穿少年到老年的各个年龄阶段,横向地覆盖从学校、家庭到社会的各类场景;通过 MOOC 学习成果认证,可以突破正规学校教育的桎梏,实现 MOOC 学习成果与各级各类教育之间的衔接与沟通,推动人的全面、自由和充分发展,让教育成为个人一生中连续不断的学习过程,推动人的全面发展和个人价值的实现。这不仅可以完善终身教育体系,也能构建和谐和繁荣、绿色和健康、公平和包容的学

习型社会。

二、突破教育管理体制机制壁垒，引导政府教育政策法规的颁布与实施

　　建立终身教育资历框架，实现各级各类教育之间的横向沟通和纵向衔接在国际教育领域已经成为共识，终身教育资历框架的建设与实践已经超过 30 余年，全球建立和实施资历框架的国家和地区总数已经接近 160 个，终身教育资历框架的国际发展已经进入跨国的资历和学分互认阶段，有 7 个区域资历参照框架已经建立并为 126 个国家提供了跨国资历和学分对接的标准。资历框架建设也得到了我国政府的高度重视，早在 2016 年发布的《中华人民共和国国民经济和社会发展第十三个五年规划纲要》就从国家层面首次提出了制定国家资历框架。在 2019 年 2 月，国务院颁布的《中国教育现代化 2035》再次强调"建立全民终身学习的制度环境，建立国家资历框架"。资历框架建设也纳入了 2019 年全国重点教育工作议程，《教育部 2019 年工作要点》明确提出"做好学习成果认证、积累与转换试点总结，推动开展国家资历框架研究"。但比较遗憾的是，我国资历框架建设推动缓慢，"十三五"规划纲要发布至今已经 4 年过去了，但还没有出台有关资历框架的具体法律法规，而在资历框架建设的尝试中，只有国家开放大学、广东、江苏、重庆等进行了单一类型资历框架的建设尝试，离国家资历框架建设还任重道远。与此同时，大力发展 MOOC，推动 MOOC 学习成果认证也是众多高等教育机构和社会团体组织不断努力的方向，但对 MOOC 的学习成果认证，主要还停留在高校联盟或地方范围以内，MOOC 建得多、用得少，资源多、实效低的现象比比皆是，对 MOOC 的怀疑和批评也不见消停。因此，基于现有理论基础和实践经验，我国急需从国家政府层面发布政策法规，强力推进资历框架的建设和实施，以及基于资历框架的各类学习成果认证，特别是 MOOC 等非正式学习形式的学习成果的认证与衔接。

三、坚守质量发展底线，以质量助推基于资历框架的 MOOC 开发与成果认证

MOOC 学习成果认证和学分等价的核心是质量，坚守质量提升的意识是 MOOC 持续发展的关键，没有质量的 MOOC 课程是没有吸引力和实施可能性的。作为一种教育生态，MOOC 质量保证应该覆盖学习全过程，包括学习预备、学习过程和学习结果 3 个阶段，而相应的质量标准应该有 3 个维度：学习预备维度、学习过程维度和学习结果维度。学习预备维度涵盖进入 MOOC 学习过程的资源和要素，包括学习者、教师、机构，以及 MOOC 的平台和平台提供者；学习过程维度涵盖可以预测结果的相关过程和动作，包括教学设计、教学方法、学习资源和材料；学习结果维度主要指 MOOC 学习过程的输出或结果。质量是 MOOC 学习成果与正规教育和其他类型的教育进行衔接的基础和关键，缺乏质量的 MOOC 学习成果难以进行学分的积累和转换，不仅没有权威和公信力，并对 MOOC 的课程建设和学习模式本身会带来灾难性破坏。因此必须从始至终，坚持质量底线，从课程的组织、实施、考核、评估到授证与认证，都要基于质量原则，坚守质量意识，事事从质量的视角出发。在"知识爆炸"时代，没有质量的知识的衰落期瞬时即来，MOOC 也毫不例外。

四、坚持开放合作共赢格局，积极联手各方利益相关者的参与

MOOC 离不开众多利益相关方的参与，世界著名的 MOOC 平台都将合作纳入了机构的发展战略规划，并不断拓展合作的范围和深度。例如：Coursera 目前有 2 500 万注册学习者，并与 29 个国家的 149 所高校建立了合作伙伴关系；EdX 拥有 130 多个全球合作伙伴，包括世界领先的大学，非营利组织和机构等；Iversity 与全球 100 多所大学、教育机构和公司进行合作。由此可见，有效进行 MOOC 的认证和衔接需要课程提供者、用人单位、教育主管部门、教育机构、认

证评估机构、学习社区组织或协会等利益相关方的共同合作,建立课程前、课程中和课程后交互和沟通的机制与平台,保证课程开设的针对性、趣味性、科学性和实用性,确保课程开设过程中的质量关、人文关、责任关和成效关,保证课程后期学习成果应用的接受度、满意度、认可度和欢迎度是非常重要的。互联网时代的各类教育生态,需要在开放和合作中谋求发展,在包容和全纳的环境中赢得机遇和应对未来复杂的现实挑战。作为一种具有创新性和颠覆性特征的教育生态,MOOC 更应拥有广阔的胸怀,通过合作共赢和可持续发展在 21 世纪教育现代化发展进程中发挥其应有的教育使命和职责。

9

国际参照等级：学习成果的全球认证和比较

【本章导读】通过建立资历框架实现各级各类学习成果的衔接与互认是国际教育发展的重心与趋势。经过 30 年的理念推广与实践探索，全球资历框架的数量、类型和规模已达到前所未有的程度。随着世界人口跨国流动加速，教育与培训国际化发展深化、数字化成果认证兴起，建立全球资历相互衔接与比较的国际参照标准成为新的发展需要。联合国教科文组织自 2012 年以来，启动了国际参照等级以及配套数字化工具的开发和试点研究工作，以解决缺少全球跨国资历和学习成果统一认证标准的发展难题。本书基于文献分析梳理了国际参照等级的建设背景、发展历程和架构体系，对国际资历框架的发展现状和趋势提出以下判断：第一，全球资历框架发展将走向一体化与统一标准化；第二，基于新兴技术的数字化学习成果认证是资历框架的未来发展重心；第三，"一"和"多"的哲学思维将促进资历框架的多元并行发展。

　　建立服务全民的各级各类教育学习成果衔接与互认的终身教育体系已经成为全球教育发展的重心与趋势，资历框架(Qualifications Framework)是实现这一发展目标的关键政策制度，已经成为全球 80% 以上国家的教育战略选择。经过 30 年的理念推广与实践探索，全球建立和实施资历框架的国家或地区总数已达到 161 个，资历框架的类型也逐渐从国家内部的单一类型资历框架、地方资历框架、国家资历框架走向了跨国的区域资历框架。目前全球已经建立了 7 个区域资历框架，为 126 个国家或地区提供了跨国资历和学分对接的标准。但随着移民大迁徙、教育全球化、数字自动化等国际现象深化，现有资历框架从架构体系到发展模式本身所具有的显著性差异难以满足全球教育进行公平和透明衔接发展的需要。众多国家资历难以遵循全球统一标准的现状不仅影响了本身发展的质量，也可能导致全球资历体系贬值和挫伤公众的信心。创建一个全球资历可以进行独立比较的国际参照标准成为新的发展命题。

　　为响应这一全球发展需要，联合国教科文组织组织全球利益相关方开发了国际参照等级(World Reference Levels，WRLs)，旨在基于现有资历框架建设和实施经验，进一步拓展各类资历框架的功能，将各类成效为本的资历证书、职业标准、工作规范和成果框架转换为国际认可的通用语言和表达形式(Chakroun, 2017),以满足寻求认证的个人、企业招聘人员、证书评估人员和国家认证机构的需要。国际参照等级应用数字化工具,可以便捷地将文凭、证书和其他类型的学习成果在线转换为标准化报告,以支持国际资历的比较和认证,确保各类资历在境内外更方便、更公平和更透明地得到认证(Hart et al., 2019)。截至2019年,国际参照等级已然成型,全球30多个国家和地区参与了研究和试点,但国内相关研究尚处于空白。本书通过文献分析,从分析哲学的视角对国际参照等级的建设背景、发展历程和架构体系进行详细剖析,以归纳和探索国际资历框架发展经验,为我国资历框架建设和实施提供参考。

第一节　国际参照等级建立的现实背景

推动国际参照等级建立的现实原因很多,从终身学习制度内在视角而言是现有资历框架和学习成果认证标准的迭代发展与现实需要的突出矛盾,而全球性人类社会发展问题则是外部推手,包括移民大迁徙、世界发展不平衡、教育全球化、数字自动化等。

第一,国家和区域资历框架的特色化发展已经难以满足国际资历彼此比较和衔接的需求。基于学习成果的资历框架的开发和实施对促进学习成果的认证发挥了巨大作用,但全球现有资历框架的存在形式通常具有显著的差异性,从类型而言,包括特定的行业资历框架、综合的国家资历框架,以及跨国的区域资历框架。各类资历框架具有强烈的本土化和民族性特征,定义、授予和认证资历的方式各不相同,难以满足国际统一学习成果认证标准的需要,面对劳动力市场全球化以及人口、工作和机构流动加速带来的巨大成果认证挑战显得力所难及。

第二,移民迁徙人数快速增长急需跨境资历公平和有效认证。根据联合国2019年的数据,全球有2.72亿人口居住在出生国以外的国家,比2000年增加了57%,而74%的国际移民处于就业年龄(IOM,2019)。对大多数移民而言,不管远走他乡的原因是什么,将所获得的各类资历进行有效认证可以为其就业、教育和培训提供良好机会,避免因技能失配受到劳动剥削和不公正待遇,认证的技能资历可以成为移民的智力资产,为其获得潜在的利益和生存优势。为推动全球移民技能的发展和认证,联合国于2018年7月批准并于2018年12月通过了《关于安全、有序和正常移民全球契约》(*Global Compact for Safe, Orderly and Regular Migration*),提出"促进技能、资历和能力的认证",呼吁会员国加强国家当局和利益相关方的能力培训,在国家之间建立全球技能伙伴关系,促进移民原住国和目的地国的技能发展。但移民跨国技能资历的认证为认证机构带来巨大挑战,特别是来源国或地区越广泛,需要熟悉的国家资历证书就越多,国际资历参照等级无疑是比较不同资历证书的有效举措。

第三,世界不平衡发展引发的贫富差距加剧呼吁区域间教育资历公平对接。世界不平衡发展导致全球财富、资源的分配不均,带来了新的公平与贫困的问题。根据《世界不平均报告2018》的统计,自1980年以来,收入差距在全球范围内呈快速上升趋势,世界收入前1%的成年人收入增长总额是后50%成年人增长总额的2倍;而对截至2050年收入与贫富差距发展趋势做出的预测显示,如果在未来继续放任收入与贫富差距发展,那么全球的不平均水平会进一步提高,到2050年全球最富有的0.1%的人群所占有的财富将会达到中等财富人群占有财富的总和(图9.1)(World Inequality Lab,2018)。因此,创造更加平等的受教育机会是解决后50%人群收入停滞不前的重要途径。但研究发现,当前受教育机会不平等的现状相当严峻,例如,美国收入底层10%人群的孩子只有20%~30%进入大学;而收入顶层10%的孩子进入大学的概率达到90%(Chetty et al.,2018)。未来,在高收入国家或新兴国家,通过建立成效为本的教育目标,对不同阶层的学习者所获得的各类学习成果进行公平认证将至关重要。

第四,教育培训的国际化呼吁建立全球统一的学习成果转换机制。跨境学习已成为一种全球现象,学习者、专业课程、教育培训机构加速国际流动,从客观上要求各个行业领域在国际范围内进行公平、透明和有效的学习成果认证。跨境学习认证对多方教育主体带来挑战,包括证书的颁授机构,例如资历局和认证组织;证书使用人员,例如企业招聘人员和教育课程评估人员,要求他们在各类学习成果认证过程中不得不应对各种类型的学习成果认证。此外,基于新兴信息通信技术的跨境教育培训推动了开放远程学习,各类通过国际学习平台获得的学习徽章、数字证书等资历大量出现,国际参考标准对推动资历认证过程中的国际对话、交流和合作具有现实意义。

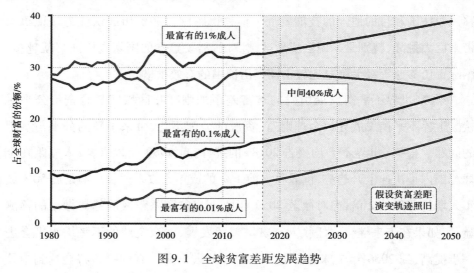

图 9.1　全球贫富差距发展趋势

资料来源:World Inequality Lab,2018

　　第五,基于现代信息技术的数字化认证要求优化现有资历认证体系。第四代工业革命推动了各种新兴技术的兴起,人工智能、机器人、3D 打印、图像识别等技术推动了经济产业的自动化和数字化,引发了社会职业体系的重构(谢青松 等,2019)。欧洲技能和职业调查(European Skills and Jobs Survey,ESJS)预测,在未来的高级经济时代,50% 的工作将会走向自动化,超过 72% 的欧洲人的工作有可能被机器"抢走",人们面临着前所未有的就业压力,职业失配现象将越发严重(CEDEFOP,2018)。应对新兴技术带来的挑战呼吁职业教育终身化,人们必须通过不断学习来适应技术的变革。职业教育终身化的主要学习方式是非正规学习和非正式学习,学习者将获得大量的电子课程证书、纳米学位、开放教育徽章等数字证书(Hickey,2017),教育主管机构和企业雇主将通过数字证书颁发证书和招聘员工。数字证书的广泛应用对现有资历认证制度提出了新的要求,建立基于人工智能、区块链等新兴技术的国际资历认证制度已成必然。

第二节　国际参照等级建立的历程概述

2012年在中国上海举行了第三届国际职业技术教育大会,117个国家和72个国际组织的800多名代表出席会议,会议讨论了当前教育和培训的趋势以及未来发展的动力。大会发布了《上海共识》(*Shanghai Consensus*),建议制定有关质量保证的国际准则以认证资历,基于学习成果制定国际参照等级,其主要目的是增加资历的透明度,实现职业技术教育与培训资历的国际比较和认证(Jaftha et al.,2017)。作为对《上海共识》的回应,联合国教科文组织与区域资历框架专家、国际和地区组织合作,采取分阶段自下而上的渐进方式不断推进国际参照等级的建立:第一,在国家和地区层面对级别描述符进行技术审查;第二,开发国际参照等级概念术语;第三,进行广泛咨询;第四,探讨采用国际参照等级相关的政治进程。为推动国际参照等级的快速建立,联合国教科文组织牵头举行了系列活动,开展了多项调查研究,进行了反复的研讨与论证,其主要工作进程见表9.1。

表9.1　联合国教科文组织推进国际参照等级建立的工作进程

时　间	地　点	工作内容
2013年9月	布鲁塞尔	举办首次基于学习成果的全球职业技术教育与培训资历认证研讨会

续表

时　间	地　点	工作内容
2014 年 9 月	巴黎	建立专家平台,由从事资历认证的区域和国际组织组成,旨在分享专业知识和协同工作,专家会议讨论了全球最新研究成果
2015 年 4 月	巴黎	举行第二届专家会议,明确推进国际参照等级的工作路线图;围绕学习成果开发共同准则,开展同伴学习活动(PLA),以支持跨境资历认证
2015 年 12 月	巴黎	召开第三届专家会议,讨论同伴学习活动(PLA)的成果以及如何制定国际准则
2016 年 5 月	开普敦	举行第四届专家会议,聚焦资历框架中级别描述符的比较研究,会议还探讨了使用数字工具促进学生和劳动力的流动
2016 年 11 月	布鲁塞尔	举行第五届专家会议,审查了国际参照等级模型开发的进展,该模型基于对国家资历框架和区域资历框架中使用的级别描述符进行比较分析
2017 年 6 月	巴黎	举行第六届专家会议,进一步讨论国际参照等级模型以及试点测试的规划
2018 年 3 月	布鲁塞尔	举行第七届专家组会议,基于对包括南非、阿联酋、英格兰、苏格兰等国家和地区的试点,评估国际参照等级的有效性和相关性
2018 年 11 月	联合国教科文组织总部	讨论如何进一步改进国际参照等级工具及其功能,以支持区域资历框架的发展;评估国际参照等级的效果,讨论开发基于网页的应用程序和实施工具
2019 年 11 月	都灵	举行专家组会议,讨论国际参照等级工具试点获得的反馈以及后续开发规划

资料来源:Jaftha et al. ,2017;UNESCO,2018;UNESCO,2019

　　国际参照等级的建立过程强调对现有资历框架进行经验归纳和比较研究。自 2015 年以来,完成了 3 个重要阶段建设项目:第一,对资历的跨国比较研究。

对全球可获得资历的 4 个行业,包括瓦工/砖石匠、保健助理、酒店助理/接待员和信息通信技术服务人员,从资历范围、内容和结构方面进行了比较,系统分析了各个行业学习成果的资历描述和类别,资历之间的相似性和差异,确定了最常用的资历类型和内容。该研究覆盖了来自 25 个国家和地区的 38 个资历,其地理分布包括非洲 5 个、亚洲 2 个、欧洲 12 个、海湾地区 1 个、拉丁美洲和加勒比 3 个、太平洋地区 2 个(Chakroun et al.,2017)。第二,资历对接过程研究。对全球的资历对接过程进行了画像,该项工作的结果为国际参照等级的模型开发提供参考,特别是每个等级的因素描述和表达。第三,级别指标描述符的比较分析。以 15 个国家或区域资历框架为样本,比较了各个资历框架的级别指标描述符,开展了纵向研究、国际能力评估和诊断审查,研究发现知识、技能和能力是使用最广泛的能力标准维度(James et al.,2015)。

2017 年,国际参照等级数字工具开始进行大规模试点,覆盖的国家包括比利时、拉脱维亚、卢森堡、挪威、波兰、俄罗斯、苏格兰、南非、瑞典、土耳其等(Chakroun,2019),目的是评估国际参照等级的有效性。试点评估项目涉及众多行业证书、文凭、学历等资历的认证,主要评估内容包括使用国际参照等级应用程序创建和评估国际参照等级的档案报告;在资历或证书之间进行国家或国际比较,以评估国际参照等级在建立认证路径方面的作用;分析框架级别的描述符,对使用国际参照等级数字工具的框架级别进行比较和评估;分析专业课程准入和工作岗位要求,并将其与资历证明档案进行比较。

联合国教科文组织开发国际参照等级的核心目标是促进资历的国际认证与衔接,在建设过程中秉承了 9 项基本原则,见表9.2。

表 9.2　国际参照等级的建设原则

原　则	内　容
1	国际参照等级是帮助全球利益相关者对学习成果进行比较,就资历的认证达成一致协议

续表

原　则	内　容
2	国际参照等级应该能够与来自世界各地的资历框架或其他学习成果框架衔接,包括具有不同目的、不同数量、不同类型以及不同级别的资历框架
3	国际参照等级应该采用一种工具形式,该工具应建立在(但不能复制或替代)现有国家和地区资历框架
4	国际参照等级本身不应充当资历框架
5	国际参照等级应描述一系列功能因素,这些因素源自资历框架和相关已经使用的级别描述符的内容,并与之兼容
6	国际参照等级的功能包括将用户对资格、证书或其他成果的说明或描述转换为能够支持国际比较和认可的标准化分析报告
7	标准化报告应结合事实数据、专业判断和相关证据
8	形式应该相对详细,但易生成
9	发布国际参照等级的主要方式应该数字化,但是应该有对应(基于纸张的)版本

资料来源:Hart et al. ,2019

从以上原则可以看出,国际参照等级的目的是为全世界所有的资历框架或学习成果框架提供一个相互衔接的工具,它本身不是资历框架,也不会取代任何资历框架,但其级别指标描述必须基于普通资历框架,以求与众多资历框架兼容,从而便于生成标准化的国际报告,易于被广泛接受和应用。标准化的国际报告应该适用于各种资历证书,特别是越来越广泛使用和推广的在线证书,例如数字徽章、纳米学位、微认证、网络徽章、迷你学位、开放徽章等,并与各种重要的学习成果报告衔接,例如级别指标描述符、职业标准、学习计划、入学要求、岗位职责要求等。国际参照等级的优势是可以链接转换成"通用语言",从而能够应对任何类型的学习成果证明,无须更改格式和内容,直接生成标准化报告,可以与全球任何其他学习成果档案或报告匹配,其运行流程见图9.2。

此外,尽管建立国际参照等级的初衷是应对职业技术教育的发展需求,但

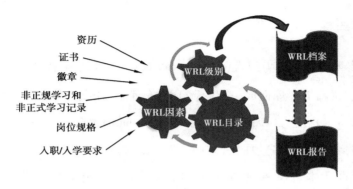

图 9.2 国际参照等级运行流程

资料来源：Chakroun，2019

其功能并不限于职业技术教育与培训。从终身学习视角而言，国际参照等级的
级别指标描述符可以适用于教育与培训的所有级别和领域，能够提供一种全球
范围的学习成果认证"通用语言"，不仅可以用于职业技术资历证书，还可以用
于普通学术资历、证书和各类非正式学习成果凭证，以及工作岗位和专业课程
的准入要求。

第三节 国际参照等级的架构体系

国际参照等级的建立基础是源自对全球各类资历框架和能力标准的深入
分析，包括国家资历框架、区域资历框架、行业框架、能力框架、工作评估体系、
工作岗位要求、专业课程标准等，因此在术语采用、级别设计、能力标准表述方
面既具有各类学习成果框架的共性，又具有独自特色。国际参照等级包括 8 个
级别，级别描述主要基于 11 个能力因素和 51 个进阶指标，学习成果认证内容
通过汇总到国际参照等级数字工具（WRL Digital Tool）完成因素匹配分析，然后
生成学习成果图形档案，使用者可以下载保存，也可以继续创建学习成果报告
（Hart，2019）。

一、能力因素

国际参照等级的能力因素(Elements of Capability)基于普通资历框架的级别指标描述符归纳提炼而成,总共有 11 个关键能力因素,分属 3 个维度:责任(Accountabilites)、能力(Capabilities)和权变(Contingencies)。每个因素都各有一个完整的名称、一个简短的名称(以粗体显示)和一个参考代码(在方括号中),因素的具体定义和详细说明可以在国际参照等级术语目录(WRL Directory)中查询,能力因素见表9.3。

表 9.3　国际参照等级的能力因素

维　　度	能力因素
责任:开展和管理活动	• **活动**的范围和性质(ACT) • 责任的范围和性质(RESP) • 承担**协作**任务(WWO) • 监测执行与学习以提高质量的职责(QUAL)
能力:使用技能、知识和理解	• **技能和流程**的范围与性质(SKILL) • **沟通技能**的范围和性质(COM) • **数据**访问和应用技能的范围和性质(DATA) • **知识和理解**的范围和性质(K&K)
权变:对背景因素的回应	• 活动**背景**的性质(CNTX) • 在解决**问题和争论**过程中的作用(PRB) • 在解决**与价值**有关的问题中的作用(VAL)

资料来源:WRL,2018

国际参照等级基于 11 个能力因素创建有关资格、证书和其他学习成果的图形档案和结构化报告,所有能力因素均从常规定义资历等级的概念中衍生而来,并展示了与资格、学习和就业相关的各种学习成果框架中的等级特征。国际参照等级能力因素的确定经过了多轮比较和选择,第一轮分析确定的关键因素达到 20 个,包括资历框架的常用级别指标术语,例如知识、技能、应用、实践、角色、背景、责任、自治、领导力、社会技能、生活技能等;第二轮分析更加密切关注样本框架级别指标描述符中各级别之间相互衔接的内涵,关键能力因素的数量也因此从 20 个减少到 11 个。

二、级别

国际参照等级秉承了资历框架的成效为本理念,通过能力因素组合定义工作或学习过程中承担不同级别任务和职责所需的知识、技能和能力。为了增强适用性,国际参照等级设计了有限的数量级别,每个级别有特定的级别指标说明,见表9.4。

表9.4 国际参照等级的级别

级 别	指标说明
A 级(Level A)	满足现代社会、学习和工作的基本要求,包括读写能力,计算能力,信息和通信技术的应用,一般知识以及与基础研究和简单工作任务相关的能力
B 级(Level B)	在学习领域,包括义务教育结束时通常获得的学习成果,以及进入高等教育过程中学习相关的成果;在职业领域,包括执行相对独立但日常工作任务所需的技能,以及具有熟练工作和监督的能力
C 级(Level C)	具有与第一轮高等教育(专科、本科)相关的能力,或者具有准专业人士、初级专业人员和管理人员的工作能力
D 级(Level D)	具有高级的智力和职业能力,获得与第二和第三轮高等教育(硕士和博士)相关的学习成果,能够担任技术专家、分析师和高级管理人员,履行广泛的战略职责

资料来源:Hart et al. ,2019

国际参照等级有 4 个广义的级别:A 级、B 级、C 级和 D 级,每个级别都包含

一个基础级别(Basic Level)和一个高级级别(Advanced Level),即基础级别 A1
和高级级别 A2,以此类推,分别标记为 A1 和 A2,B1 和 B2,C1 和 C2 以及 D1 和
D2,总共细化为 8 个级别,旨在基于对级别数量和性质的不同假设,为各类框架
之间的比较创建一个公平的环境。在大多数 8 个级别的资历框架中,A 级相当
于第 1 级和第 2 级,B 级相当于第 3 级和第 4 级,C 级相当于第 5 级和第 6 级,D
级与最高等级一致,但在有些资历框架中 B 级、C 级和 D 级会涉及 3 个级别。
以印度尼西亚为例,其职业教育与培训资历框架分为 9 级,即第一级初中相当
于 A1 级,第二级职业高中相当于 A2 级,第三级一级文凭相当于 B1 级,第四级
二级文凭相当于 B2 级,第五级三级文凭相当于 C1 级,第六级四级文凭相当于
C2 级,第七级专业人士和第八级硕士(应用型)相当于 D1 级,第九级博士(应用
型)相当于 D2 级。每个级别都基于 11 个能力因素进行指标描述,表示个人在
该级别能够完成的职责任务,为在国际参照等级用户社区中对相关术语、证书
和能力表述进行宣传和解释提供了便利,也有利于与拥有任何数量级别的学习
成果框架衔接。以 A1 级为例,基于能力因素的 A1 级的级别描述见表9.5。

表9.5　基于能力因素的国际参照等级级别(A1)

A1 级	
因　　素	个人能力
1. 活动	进行简单或高度程序化的活动,这些活动不需要特定活动场景的知识或技能
2. 责任	进行简单或高度程序化的活动,并在实时指导和密切监督下检查结果
3. 协作	根据指示与他人合作,以执行特定的简单或高度程序化的活动
4. 质量	(1)按照高度程序化的流程,根据指示检查个人获得的具体成果 (2)遵循相关学习指导,获取知识、技能和能力,以保持并提高学习成效和质量
5. 技能和流程	按照指示应用知识和技能,在密切监督下进行简单的活动

续表

因　　素	个人能力
6. 沟通	按照指示应用高度结构化的程序： （1）访问即时活动所需或由即时活动生成的简单信息 （2）记录此信息或以简单的格式将其报告给同事或客户
7. 数据	按照指示使用简单的程序访问和记录预设的数据
8. 知识和理解	利用常识开展简单的活动
9. 背景	在相对稳定或没有重大变化的情况下进行简单的活动
10. 问题	按照指示通过应用程序处理活动中的简单问题
11. 价值	按照指示，通过常规程序，记录并报告在活动过程中出现的道德、社会或环境问题

资料来源：WRL，2018

三、国际参照等级数字工具

国际参照等级数字工具可以通过因素成果报告将资格、证书和其他类型的学习成果转换为国际参照等级术语，是一款独立应用程序，可以下载或在企业网站上使用，支持用户生成图形化的档案，并基于相关资格和证书要求生成结构化的国际参照等级报告。用户在进行操作时可以在国际参照等级目录中调用相关术语，支持用户按因素逐项转换为国际参照等级术语的成果，记录做出判断的证据。专门设计的评分系统可以为因素的适用级别提供建议，并将其反馈给用户，以供用户检查相关成果表述，接受建议或得出不同的结论。在整个应用过程中，用户能够控制成果分析的顺序和结果，以确保准确描述认证的资格、证书或其他学习成果。国际参照等级数字工具收集用户的基本信息，创建详细的结构化报告，并以标准格式组织有关资格、证书或其他类型学习成果的信息，包括：用户状态和联系信息；资格或证书的名称、行业、目标和学习者；授予、认可和制定标准的机构；资格或证书的类型、级别、结构和尺寸；交付和评估方式;资格或证书标准;评估和质量保证信息。国际参照等级档案将显示资格、证书等学习成果在何处、何时以及如何与国际参照等级相关因素和级别相匹配,档案报告示例见图9.3。

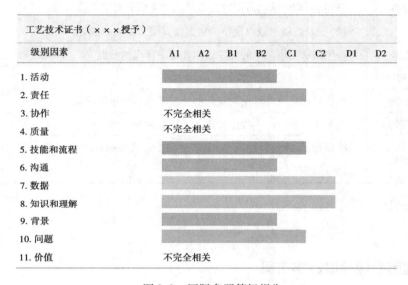

<table>
<tr><td colspan="9">工艺技术证书（×××授予）</td></tr>
<tr><td>级别因素</td><td>A1</td><td>A2</td><td>B1</td><td>B2</td><td>C1</td><td>C2</td><td>D1</td><td>D2</td></tr>
</table>

1. 活动
2. 责任
3. 协作　　不完全相关
4. 质量　　不完全相关
5. 技能和流程
6. 沟通
7. 数据
8. 知识和理解
9. 背景
10. 问题
11. 价值　　不完全相关

图 9.3　国际参照等级报告

资料来源:Hart et al. ,2019

　　国际参照等级数字工具适用于广泛的用户群体,包括评估机构、认证组织、资历证书数据库管理部门、过往学习认证组织、学习者、求职者、教育培训提供者、行业招聘人员、人力资源经理、标准制定机构、专业机构等。有关国际参照等级数字工具的所有信息,可以通过国际参照等级官网在线获得,完整的国际参照等级报告以及国际参照等级个人档案将发送到用户注册邮箱(WRL,2019)。

第四节　国际参照等级建立的思考与启示

　　国际参照等级建设工作自 2012 年启动以来,在联合国教科文组织的大力推动下,已经建立了完整的架构体系,并在多个国家和地区进行试点,对资历框架的未来建设和实施具有方向性指导意义,对资历框架的未来发展需要有新的认识和判断。

一、全球资历框架发展将走向一体化与统一标准化

资历框架的初衷是构建各级各类学习成果纵向衔接和横向沟通的终身教育体系,以满足知识经济社会发展需要和全球化背景下劳动力的自由流动,以实现个体生命的终身持续价值进阶与生涯福祉。资历框架的主要功能是提供一个统一的转换标准和评判规则,为各类学习成果彼此衔接提供可能。但随着全球资历框架的发展,各种类型的资历框架在数量上达到了前所未有的程度,即使一个国家也往往有多个资历框架在运行,例如英国有 5 个资历框架,比利时有 3 个资历框架,智利有 4 个资历框架(CEDEFOP, 2017)。资历框架的多元与特色发展一方面体现了民族性与地区性特征,但要真正构建全球人类命运共同体,需要一套全球共享的资历框架体系制度,为全球所有的资历和技能的对接提供统一标准,为各国政府部门、认证机构、教育组织、企业雇主和学习者准确进行教育的输入与输出提供统一规范,真正实现教育全球化和建立全人类命运共同体建设目标。

二、基于新兴技术的数字化学习成果认证是资历框架未来发展的重心

人工智能、大数据、移动互联网、云计算等新兴技术正颠覆着就业市场的运行模式,企业招聘更多地采用在线化和数据化,就业者的知识、技能和能力可以动态化用数据进行记录和应用,雇主和员工可以点对点进行职业岗位选用与匹配。对学习者而言,技能失配的压力迫使每个人都在正规教育以外不断接受非正规教育和参加非正式学习,各类学习成果的认证将更多地采用数字化形式,

数字证书因其可移植性、实用性、可转移性等优势为教育体系与劳动力市场的无缝衔接，为个人终身学习成果积累与转换提供了便利。不可否认，数字证书由于难以进行多方利益主体的过程化监督面临质量质疑与信任危机，但区块链技术的兴起将破解这一难题。区块链去中心化、共识机制、时序数据、集体维护、可编程、不可篡改、可追溯性以及高度信任等特征，为数字证书的未来发展提供了基础技术支撑，为未来学习成果认证制度提供全新的思路，将加速纸质认证体系的终结，颠覆学生信息市场，推动传统成绩单数字化和增加面向广大群众传播个人技能证书的效用。基于区块链技术的数字证书，包括电子课程证书、电子档案包、纳米学位、开放教育徽章、数字徽章、电子档案袋、数字成绩单等将成为未来学习成果的主要形式，资历框架未来发展的重心将是构建基于各类数字化学习成果的认证路径和规则，推动资历框架的数字化迭代升级。

三、"一"和"多"的哲学思维将促进资历框架的多元并行发展

人类对"一"与"多"的哲学思考源起很早，现代分析哲学家在推崇古希腊哲学家柏拉图的这一哲学思想后，不断深化研究并用于解释和指导社会生活实践，其中的"一"就现代知识论而言指的是追求某种普遍的本质、必然的规律、元叙事，一种标准的、唯一的、正统的话语，一种为其他说法定了调，不能违反的"说法"，或者说，世界只能有一种声音。而后现代论的"多"与此相反，提倡多元，为"差异"正名，"一"与"多"哲学的核心是普遍与特殊的关系（陈嘉明，2009）。我们在强调"一"这个标准的时候，无法否认"多"的价值与美好，资历框架经过30年的发展，在建立统一的学习成果认证标准和框架的过程中强调了重视地方特色和国别特征，众多学者提出建立资历框架必须要立足本国国情，根据本国的教育和培训体系设计资历框架等级和能力标准，因此全球范围内出现了众多各具特色的资历框架，包括行业资历框架、普通教育资历框架、职业教育与培训资历框架、国家资历框架、区域资历框架等，这正是"多"哲学理念的具体实践。国际参照等级是在众多资历框架发展的实践经验基础上走向的

终极统一，全球化的元框架和等级标准是学习成果认证的"反之道"理想，体现的正是"一"的哲学思想。在未来，"一"与"多"应该是相互依存和转换的，而不是替代与占有的，因此各类资历框架的多元发展与国际统一的资历等级标准的并行实施将是未来学习成果认证制度长期的发展模式。

全球 161 个国家和地区建立了资历框架，7 个区域资历框架为 126 个国家提供了跨国资历和学分对接的标准，但至今没有一个全球统一的资历认证参考标准。国际参照等级建立的主要目的是提供一个全球资历可以进行比较的独立的国际参考标准，是一个支持"全球流动"的学习成果转换工具，为在全球范围内基于共同标准描述不同类型的学习成果等级提供可能，为现有的资历认证方法提供参考，为定义各类资历框架的级别指标和能力标准维度提供指南，对提高国家或国际资历证书的质量，促进资历证书评估的透明度和认可度，增加人们对全球资历体系的信心，促进国家资历框架和区域资历框架新一阶段的发展具有重要意义。在未来，国际参照等级不仅应该对国家、行业和地区资历框架与学习成果框架具有引领作用，而且应该携手融合共同发展，以促进全球全民终身学习和教育公平。

10

资历框架的成果认证路径：可替代性数字证书＋区块链

【本章导读】构建服务全民的终身学习体系,是全球教育可持续发展的共同目标。在各国建立以资历框架为支撑的现代终身教育体系中,认可学习者通过正规教育、非正规教育以及非正式学习获得的各类学习成果,给予学习者相应资历和学分是关键要素。随着互联网新兴技术的持续迭代升级,在线学习资源涌现,创新学习方式兴起,传统的学习成果认证方式难以满足灵活、个性和多元的学习需求,可替代性数字证书因其实用、便利、可转移等优势应运而生,为数字时代的教育体系与劳动力市场衔接,为个人终身学习的成果积累与转换提供了新的路径。然而,由于可替代性数字证书缺乏多方利益群体的过程性监督,容易导致质量质疑与信任危机,而区块链技术具有去中心化、时序数据、集体维护、可编程、不可篡改、可追溯等特征,为可替代性数字证书在现代终身教育体系中的发展和应用注入了新的发展动力。"可替代性数字证书+区块链"的应用,能够为基于资历框架的未来学习成果认证制度提供全新的发展策略,颠覆传统的教育秩序并赋能每一位学习者,推动服务全民的终身学习体系建设。

建立各级各类教育横向沟通和纵向衔接的资历框架是全球教育发展的重心和趋势。2019 年 11 月 27 日,联合国教科文组织在巴黎举行的第四十届大会上发布了《承认高等教育相关资历全球公约》,强调"推动资历框架和承认的可靠性、连贯性和互补性,以利于国际流动"。全球资历框架的发展规模已经达到前所未有的程度,联合国教科文组织等国际机构 2019 年发布的《全球区域和国家资历框架目录》统计,全球建立和采用资历框架的国家总数达到 161 个,占 193 个主权国家的 83.4%。资历框架建设也是我国新时代国家层面的教育改革和发展战略。2016 年,《中华人民共和国国民经济和社会发展第十三个五年规划纲要》首次将"制定国家资历框架"列为国家"十三五"改革发展议题;2019 年 2 月,《国家职业教育改革实施方案》《中国教育现代化 2035》等政府文件强调"建立全民终身学习的制度环境,建立国家资历框架,建立健全国家学分银行制度和学习成果认证制度";2019 年 12 月,《中华人民共和国职业教育法修订草案(征求意见稿)》明确提出"建立国家资历框架制度,建立职业教育国家学分银行,推进职业教育各类学习成果的认定、积累和转换"(教育部,2019)。

资历框架的基础要素是对各类学习成果的认证。在互联网时代衍生的信息空间,教与学的方式以及教育的组织模式和服务方式正在飞速改变(陈丽等,2019),学习者的学习方式和路径更加灵活多元,在线学习、闲暇学习、社区学习、群体学习等各种非正规教育和非正式学习形式正成为个人职业生涯发展和能力素养提升的重要途径,在客观上导致学习成果的认证变得更为复杂和困难,个人学习成果的显性表现形式更加开放和多元。互联网时代的学习者获得的资历类型除了传统的纸质证书、文凭以及学位以外,还有大量的电子课程证书、电子档案包、纳米学位、MOOC 徽章、开放教育徽章等新的资历。各类新型资历的典型特征是数字化,迫使越来越多的教育组织机构开始转型探索数字化资历认证方式。与传统的纸质资历不同,数字证书可以包含所获得的特定能力,持有者可以通过网络进行管理、注释和推送(Hickey,2017),可在达成开放协议的网络中共享,通过网络平台进行阐明和解释,在利益群体之间相互沟通。数字证书被认为如同 20 年前的电子商务,将改变互联网时代未来教育的发展格局(Hickey,2017)。

可替代性数字证书(Alternative Digital Credential,ADC)是数字证书的"2.0 版本",赋予了数字证书更高公信力并拓展了其功能内涵,在国际上已被广为接受和实施应用,许多跨国公司例如甲骨文、IBM 已经在应用可替代性数字证书,很多国家政府例如新西兰、澳大利亚、墨西哥等正在建立工作培训中应用可替代性数字证书的政策制度(ICDE,2019)。在美国一项针对 190 所四年制大学的调查研究中发现,有 94% 的大学在发放某种替代证书,而 25% 的大学提供的是可替代性数字证书。例如,科罗拉多州的社区大学系统在制造业推出了 17 种可替代性数字证书;威斯康星大学麦迪逊分校创建了可替代性数字证书系统(Fong et al.,2016)。然而,可替代性数字证书在国内的研究甚少,随着我国不断推动国家资历框架制度建设,可替代性数字证书将成为各种线上线下资历学分进行有效认证和转换的重要工具。本书将探讨可替代性数字证书的发展缘起、内涵特征以及实施模式，并基于区块链技术，探索可替代性数字证书的未来发展方向，旨在为我国建立基于资历框架的全民终身学习体系提供策略参考。

第一节　可替代性数字证书的兴起之源

可替代性数字证书的兴起是时代发展的需要，是信息技术在教育主体与客体之间的投射融合，其兴起可以归结为 4 个方面因素：互联网技术的应用；开放教育资源的发展；新型劳动力市场的需要；新时代学习者的实用性学习趋势。

第一，互联网技术的广泛应用是可替代性数字证书源起的动力。互联网技术的迅速发展，颠覆了传统的教育模式和学习方式，基于信息技术的教育变革使学习跨越了时空的限制，摆脱了传统教学中受到教师数量、地域空间、面授教学设计、学习监督评测等工业化教学所导致的短板和障碍，学习逐渐成为个人应对知识经济社会挑战的自发行为，促进了学习碎片化、灵活化和多元化的形成，各种在线短期培训、技能技艺拓展训练、在线群体学习等学习形式不断涌现，网络化、自主化、项目化和个性化的创新学习方式的学习成果的认证也成为新的时代发展需要（Hickey，2017）。而传统的学位模式和学术认证程序难以跟上技术变革的步伐，在时间和效率层面无法满足互联网时代多元学习认证的需要，例如在高等教育机构中申请开设新专业的学位课程一般需要两年以上时间，课程证书必须经过权威机构认证才能得到社会的认可（Matkin，2018）。

第二，开放教育资源的发展是可替代性数字证书兴起的载体。开放教育资源的出现是教育史上里程碑式的进步，使全球共享共建优质教育资源成为可能。自 2001 年开放教育资源运动启动以来，随着互联网和移动技术的迭代升级，开放教育资源在教育中的应用呈指数级增长（COL，2015），但随之带来了基于开放教育资源的学习成果认证难题。开放教育资源早期的设想是提供免费的学习材料，并可以在某种程度上与正规教育匹配，包括学位和学分的计算，以低成本和大规模的优势满足全球对高质量高等教育的巨大需求，特别服务于发展中国家和弱势群体,推进教育公平和供给侧均衡。但基于开放教育资源的学习很难获得学习成果认证,无法转化为学习者学业提升和职业晋升的依据,学习的获得感和价值感大大降低。2012 年以来,MOOC 的兴起加速了网络公开课理念,许多 MOOC 供应商在推进开放教育资源的同时,采用收费认证的方法,学习者需要支付费用才能获得通过 MOOC 学习掌握某项职业技能的具体信息,这种方式与开放教育资源运动的"初心"是相违背的。通过可替代性数字证书,学习者可以基于海量的开放教育资源和访问学习便利,不断寻求外部认证方式,以验证其通过开放教育资源完成的学习任务和获得的能力,开放而又透明地满足个人学业发展与职业晋升的需要。

第三,数字化时代的劳动力市场需要是可替代性数字证书的归因导向。传统的成绩单是静态的、独立的文件,其主要功能是供招生人员或人力资源招聘经理核实学习率、成绩或学位,无法记录学生在课堂之外学到或取得的成绩,也不能显示职业素养和职业抱负,雇主通过查看成绩单不能了解学生掌握的重要技能,或者评估学生完成的学业与工作要求的相关性,难以真正服务劳动力市场的要求。在互联网时代,劳动力市场在招聘过程中越来越依赖数字搜索,雇主们通过使用数字策略来识别合格的求职者,一些企业高管和招聘经理往往发现,在评估应届毕业生职场成功的潜力方面,基于求职者在关键技能和知识领域成就的电子简历,比大学成绩单更有用(Hart Research Associates,2018)。与传统的成绩单不同,可替代性数字证书通过识别和验证未来工作或技能所需的能力,将能力与劳动力需求联系起来。对学生来说,由于可替代性数字证书的数码特性,可以便利地把个人资料存储在数字空间并随时随地向外推送,更好地衔接雇主和市场的需要。

第四,千禧一代的实用主义学习是可替代性数字证书兴起的内因。千禧一代是国际上专门的代际术语,英文是 Millennials,也称 Y 一代,是指出生于 20 世纪时未成年,在跨入 21 世纪以后达到成年年龄的一代人,即 1982—2000 年出生的一代,这代人的成长时期几乎同时与互联网和计算机科学的形成与高速发展

时期相吻合。随着千禧一代越来越多地加入劳动力大军,学历要求越来越高,
此外,由于学费和各项支出费用不断上涨,他们更偏向于参加短期、重点明确、
紧凑和与就业相关课程的学习,更愿意获得与就业岗位直接相关的资历证书,
以应对临时职位普遍、短期工作合同盛行的"零工"经济时代的挑战。一项来自
2017 年康涅狄格大学开展的"千禧一代对其他认证方式的兴趣日益浓厚"的研
究调查发现,大多数千禧一代对未来获得数字认证或学习徽章表现出强烈的兴
趣(Fong et al. , 2016)。千禧一代的学习需求、就业需求和政策环境改变了社
会认证生态系统,与传统的、更为正式的资历认证相比,学习者和雇主更注重短
期的培训学习模块。可替代性数字证书能够快速提供个人能力的详细信息,这
些信息可以把求职者曾经参加过的职业相关的学习活动加入个人电子档案包,
更好地满足不断增长的劳动力需求,强化并服务于市场变革(ICDE,2019)。

第二节　可替代性数字证书的内涵特征

可替代性数字证书是教育培训机构颁发的基于数字存储和信息传输技术
的知识和技能的凭证,通过数字化、网络化和电子化的形式证明个人在学校、工
作场所、社区获得的知识的应用能力,能够胜任社会职场中相应的工作任务。
归纳而言,其内涵特征包括 3 个维度。第一,替代性。随着网络信息技术的发
展,传统的成绩单和学位证书的重要趋势是数字化,基于数字化的替代证书能
证明获得的能力,侧重于所获知识的实际应用能力或其他学术成就评估,还可
以包括从经验中获得的能力和学习的认可,从而替代传统的资历凭证。第二,
数字化。数字化指使用数字技术描述、存储和传输认证的形式,在这种情况下,
这些信息由凭证及其嵌入数据组成。凭证存储在存储数据库中,然后通过网络
传输给接收者。数字化提供了一种有效的传播个人能力信息的手段,对求职者
来说非常有价值,它能比其他求职者更为方便地向潜在雇主证明自己的能力。
使用凭证数据对工作角色进行自动匹配是新的方法,数字技术保证高度安全的

成果认证。第三,证据性。凭证是学习经历或能力的证明,是一个用来描述教育项目的通用术语,可替代性数字证书可以证明学习已经完成和获得证书,并且拥有将学习所得应用于生产活动的能力(ICDE,2019)。

可替代性数字证书具有可移植性、实用性、可转移性等优势,包含具体的能力声明和基于网络的能力证据,可以在利益相关者的控制下通过数字网络进行注释和发布。与传统证书相比,可替代性数字证书大大改变了高校和学生的关系,最终也将改变高等教育和社会之间的关系。可替代性数字证书将会挑战传统大学成绩单的关联性和实用性,因为可替代性数字证书可以向学生提供数字化、信息量丰富以及与工作相关的能力证明。这些可替代的验证形式将会为工作中应用学习的评估创建一个全新的、有活力的生态系统,学习成果的获取、认证和档案化将会打乱高等教育的传统优势,并且使非高等教育机构在认证过程中变得更加活跃,展示获得的技能和知识将比学习地点或方式的改变更重要,这种对学习获取、验证和文档的"拆分"将打破高等教育机构在核实一个人的教育成就方面享有的长期优势,并将进一步促使非高等教育组织(如社会协会和企业)能够积极提供学习机会和证明。另外,学生而不是学校将会成为可替代性数字证书形式认证的主人,并将控制传播,打破学校原有的认证宣传方式和机构控制学术成绩单的传播范式,通过成绩单费用和对允许或愿意发布的学生数据的限制来有效控制公众访问,安全性以及不可破解的身份验证过程将使可替代性数字证书比传统的成绩单更安全。可替代性数字证书可以更好地满足工作场所的需求,协助高校更好地推动教学理论与实践的结合,课程在课堂上或在线平台中所教授的内容将逐渐演变为更好地为学生做好就业准备,改变传统高等教育与劳动力需求之间差距日益明显的教育窘境。同时,可替代性数字证书提供独立认证,可以保护理论的传统价值和探究型教学过程的功能,为提高教学质量和过程性监督提供保障。

第三节　可替代性数字证书的实施模式

可替代性数字证书的实施是个复杂的过程,目前还处于局部和非系统化阶段,国家的体制机制和教育体系及政策对具体的实施过程有显著影响,但其共性的实施范式可以概括为以下几个阶段,见图10.1。

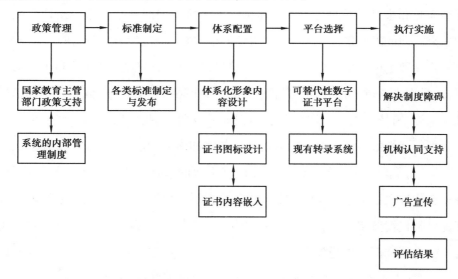

图 10.1　可替代性数字证书的实施路径

第一,政策管理。实施可替代性数字证书首先要获得国家教育主管部门的政策支持和建立系统的内部管理制度。从顶层设计视角明确管理部门,负责可替代性数字证书的发布,制定发行指导方针,控制发行单位数量,监督发行质量,确保满足发行标准,管理证书提供机构,资助可替代性数字证书的发行。由于获取证书徽章(如 MOOC 课程)发放资质的门槛很低,因此可以预见许多教育机构或培训单位可能开始全面发行自己的学习徽章。

第二,标准制定。可替代性数字证书的有效实施需要基于各类标准的制定与发布,标准包括课程标准、专业标准、行业标准、职业标准等,为可替代性数字证书的发行、衔接和评价提供科学依据,通过具有公信力的标准可以保证数字证书的质量和社会声誉,为数字证书与正规教育机构和劳动力市场的衔接与转换奠定基础。

第三,体系配置。可替代性数字证书的有效实施取决于体系化的形象内容设计,主要包括证书图标设计和证书内容嵌入。在实施过程中设计用于代表所获得能力的"图标"或"徽章"是重要的前期决策,一个有效的图标应该是一目了然而又直观形象,能够清楚表达所获得的能力,避免使用具有分散人注意力、复杂无效和难以解释的功能设计图标。鉴于所施加的技术参数以及使用徽章的未来方向的不确定性,尽早建立明确的设计框架将避免市场的进一步混乱。可替代性数字证书主要功能之一是能够提供所代表的能力的性质和水平的信息,通过点击徽章,可以确定可替代性数字证书持有人如何获得能力,用什么标准评估能力,持有人的工作有哪些案例等元数据,这些数据能为研究人员提供关于可替代性数字证书获得者如何传播技术和能力的信息(Matkin,2018)。

第四,平台选择。可替代性数字证书平台的选择是重要的前期执行决策,在可替代性数字证书运动的早期,高等教育机构开发其现有成绩单系统的软件实施可替代性数字证书,但随着系统的技术要求及其复杂性增加,以及系统本身不断更新和新功能增加的需要,使内部软件开发变得越来越复杂,并且难以持续,也缺乏吸引力。随着新兴互联网技术的出现及应用,教育机构可以更容易地独立完成更多工作,可以考虑将可替代性数字证书平台与现有的转录系统进行衔接,充分思考和关注操作实施、整合期限、数据迁移等其他因素。

第五,执行实施。可替代性数字证书的具体执行过程应包括 4 个步骤。首先是识别并解决制度障碍,常见的包括教师的反对,制度灵活性缺乏,对变革的抵制,优质资源缺乏,间接成本难以确定和量化等。其次是要获得机构认同和支持。发放可替代性数字证书的决定涉及许多单位和个人,是整个行业领域的集体事业,可替代性数字证书能否成功实行,离不开高层管理人员始终如一的支持,这种支持需要基于可替代性数字证书与当地经济社会和谐共存关系的建立,通过提高学生在市场上的竞争力为这种关系提供服务。再次是广告宣传。

可替代性数字证书是一个新生事物，可替代性数字证书的实施方案必须提供功能价值及使用说明。高等教育机构相关的学习项目通过展示与学位课程的关系，以及向可替代性数字证书获得者提供数字信息和档案简历，以解释和推广可替代性数字证书。最后是评估结果。提供可替代性数字证书的过程并不随着体系构建的完成而结束，而是要不断地进行评估，对程序进行适当的调整是可替代性数字证书系统成功的重要因素。

第四节　基于区块链技术的解决方案

可替代性数字证书将会改变教育和社会的关系，给教育带来颠覆式变革，为学习者在数字时代获得终身学习提供无限机会，但可替代性数字证书面临的最大挑战是信任危机与质量质疑。基于网络数据的能力证书由于缺乏权威的过程性监管，造成利益相关方难以取信，饱受怀疑，要真正实现可替代性数字证书的社会与教育价值需要应用区块链技术。在数字时代，区块链将是可替代性数字证书发行标准的基础技术，为可替代性数字证书提供解决方案。

区块链是一个全球性、跨产业、跨专业的突破性技术，在本质上是通过去中心化、高信任的方式集体维护可靠数据库的技术方案，其核心技术包括分布式账本技术、非对称加密算法以及智能合约等，具有去中心化、共识机制、可追溯性以及高度信任等特征。区块链从本质上来看相当于一种分布式分类账本，为社区记录和共享信息提供一种安全、透明和公开的方法。在这个社区中，每个成员都可以维护自己的信息副本，并且所有成员必须集体验证所有信息更新，该信息可以代表交易、合同、资产、身份等可以以数字形式描述的任何内容。所有信息是永久的、透明的和可追溯的。这使社区成员可以完整地查看交易历史。每次更新都是添加到"链"末尾的新"块"，协议管理如何初始、验证、记录和分发新的编辑或条目。借助区块链，密码学取代了第三方中介机构，成为信任的捍卫者，所有区块链参与者都共同运行复杂的算法以证明整体的完整性

（Grech，2017）。

通过区块链,成千上万台电脑上的数字资产进行的网上交易操作能够被存储,每 10 分钟,所有在网上出现的交易都会被分成板块然后连接到上一个板块、上上个板块,甚至是带有时间戳的每一个板块。这种运行模式,在整个链接的情况下,任何单个交易不可能受到"黑客攻击"或更改,能让用户的电子资产得到保护,实现用户与用户之间的信息安全输送,实现去中心化、不可篡改和全程留痕的核心功能。区块链技术颠覆了任何建立在加盖时间戳的所有权记录基础上的活动领域。在教育行业,将受到区块链技术影响的内容包括获奖资格、许可鉴证、学生记录管理、知识产权管理、付款方式等各类学习成果的记录与认证。区块链将是破解可替代性数字证书遇到的难题的关键,将成为可替代性数字证书的核心技术。基于区块链的可替代性数字证书发放流程见图 10.2。

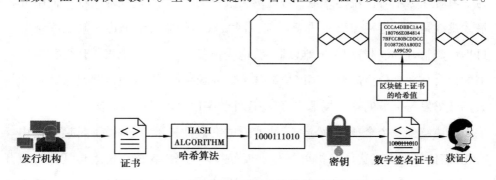

图 10.2　基于区块链的可替代性数字证书发放流程

资料来源：Grech，2017

基于区块链技术的可替代性数字证书具有如下优势:第一,自主性,学习者在验证身份的同时,可以保持对个人信息的储存和管理控制权;第二,可信性,提供技术基础设施让学习者在进行支付或教育机构签发证明时对其运作有信心;第三,透明性,学习者的学习过程数据对所有参与教育执行的主管机构和未来就业单位都是公开的;第四,永久性,学习者的学习将会以文字形式记录和永久储存,不可修改;第五,脱媒性,可消除学习者对控制机构的依赖,自主管理学习和储存记录;第六,合作性,提供方与应用方在不需要第三方中介的情况下直接沟通（Grech，2017）。区块链能阻止对已生成数据记录的修改、删除或数据的意外丢失，防止学习评估和知识产权纠纷，也可以对尚未交学费的学生设置特别的入学条件，防止在未获得授权的情况下使用数据，从而解决了可替代性数字证书的公信力问题。

基于区块链的可替代性数字证书将加速纸质认证体系的终结，颠覆学生信息市场，推动传统成绩单数字化和增加面向广大群众传播个人技能证书的效用。通过区块链技术，有助于核实多步骤的资格评审，可以将个人的多个学习认证文档收集在同一个档案下，有效促进各类资历学分的认证和转换，为学习者创建终身学习的通行证，帮助追踪知识产权的去向，增加该产权的使用和重复使用。此外，通过区块链可以接受学生的付款和掌握学生的消费动态，担保的教育券可以为学生提供助学金，并在大学内使用已被认证的学生身份，改变传统的学生管理模式。

目前，区块链技术在可替代性数字证书中的应用已经开始，例如麻省理工学院的媒体实验室开展了基于区块链的数字学位证书开放标准项目，开发了区块证书。2016 年 10 月，区块证书正式投入使用。这是一个分散的认证系统，由开放源代码库、工具和移动应用程序组成，形成了一个去中心化的、基于标准的、以接收者为中心的生态系统，并通过区块链技术实现了无信任验证，可以应用于公民记录、学历文凭、职业证书、劳动力发展等的资格认证。马耳他是世界上第一个试点区块证书的国家。2019 年 2 月，马耳他教育与就业部启动了国家区块证书项目，要求所有的教育机构发放给学生的学历证书如文凭、毕业证和成绩单都要采用可移植的、实时认证的数字形式，教育机构要持续接受基于区块链的官方认证（CryptoNinjas，2019）。2018 年 1 月，欧洲委员会成立了欧盟区块链观察站和论坛（EU Blockchain Observatory and Forum，EUBOF），旨在促进区块链创新以及欧盟内部区块链生态系统的发展，巩固欧洲在这一变革性新技术领域的全球领导者地位。在 2015 年，尼科西亚大学首家开设区块链硕士学位课程，国外提供区块链学历课程的大学有 18 家，包括牛津大学、爱丁堡大学、剑桥大学、伦敦大学学院、北安普顿大学和哥本哈根 IT 大学。

第五节　讨论和启示

一、发展可替代性数字证书，助力服务全民的终身学习社会的实现

　　构建开放灵活、服务全民的终身学习体系是教育可持续发展的目标,在新型的以资历框架为支撑的现代终身学习体系中,认可社会成员通过正规教育、非正规教育和非正式学习的学习成果,通过学习成果认证转换成相应的资历和学分。我国是一个学习大国,也是一个学习强国,我国有着全球规模较大、免费的海量网络学习资源,如 MOOC、开放学习资源、微资源等,为社会成员提供"人人皆学、处处能学、时时可学"的终身学习环境,学习者通过在线学习,获得相应的不同名称的数字证书。因此,传统的文本成绩单和学历证书已经不能满足互联网时代终身学习的要求,人们多元化的学习成果不仅包括成绩单、学历和学位证书,还包括不同形式的在线学习成果,如 MOOC 课程、微课程、开放学习课程、职业技能等级、纳米学位证书、企业大学的课程证书、创新创业经历和成就、专利、技能竞赛证书等,这些学习成果档案随着个人的终身学习动态地扩展,通过建立包括个人所有学习成果的生涯发展档案包,有助于个人清晰自己获得的资历,规划自己的终身学习和生涯发展道路,促进全民终身学习社会的发展。

二、发展可替代性数字证书助力高校人才培养和劳动力市场的衔接

　　随着社会、经济和技术的飞速发展,高等教育课程改革的滞后性难以满足变化中的劳动力市场的需求,为了给千禧一代的年轻人提供现代企业所需要的新知识和新技能,成为行业企业所需要的人才,许多龙头企业开办企业大学,利用企业长期积累的实践经验的优势,为社会成员,尤其是高校学生提供职业技

能培训课程。例如,美国的 MOOC 平台 Udacity 提供的纳米学位(技能培训课程),为学习者提供未来所需技能,挑战实战项目,获得行业知名企业的认可,成为人工智能、机器学习、无人驾驶、网站开发、移动开发和数据分析领域的抢手人才。我国的腾讯云大学提供的在线证书课程,采用灵活多样的学习方式,提供两种形式的课程:一是免费课程,以录播形式为主,学习者自主安排学习进度;二是付费课程,安排不同的配套课程服务,包括录播系统学习、直播答疑/案例分析、1V1 辅导、QQ 群讨论等。

千禧一代是在互联网的环境里面长大的,是"网络土著",也称为"四屏时代":电视屏、电脑屏、手机屏、iPad 屏,他们的生活是在 4 个屏之间来回切换。网络技术对老一代来说是技术,对千禧一代来说是一种生活方式,他们习惯和偏爱在网络环境下通过短期和快速学习获得实用性知识和技能。因此,在高等教育普及化的年代,在线的短期实用的技能培训课程受到千禧一代的欢迎,他们通过校外学习获得的数字证书,需要通过学习成果认证转换为相应的资历,这不仅能帮助学习者获得职业,也促进高校人才培养和劳动力市场的衔接。

三、区块链是保障可替代性数字证书的质量和信用的技术支撑

长期以来,我国远程教育和在线学习比校园和课堂学习的地位要低,境外的远程教育的学历更得不到政府的认可,这是由于远程教育的质量长期受到社会质疑。在终身教育资历框架中,资历评价的唯一标准是学习效果,而不是学习形式,无论是课堂学习,还是在线学习,或者混合式学习,学习者达到预期的学习目标,通过学习成果认证就能获得相应的学分和资历。远程教育和在线学习的开放灵活优势更是终身学习的必然选择。我国远程教育发展需要的是保证质量,而不是怀疑远程的学习形式。我国有着全球最多最复杂的各种资历证书,我们一方面要建立各级资历标准及质量体系,另一方面要解决学分信用的问题。区块链技术的发展为我们解决后者问题提供了支撑。基于区块链的可替代性数字证书可以将学习者在接受正规教育、非正规教育和非正式学习过程

中的档案信息、各种学习成果、行为表现等数据放在区块链上，并转换为学分，既可以防止资历信息丢失或被恶意篡改，也方便学习者将学习成果进行去中心化的认证，去除存储转换的烦琐、障碍和壁垒，构建安全、可信、不可篡改的学分体系，解决资历学分认证的信用难题。

四、"可替代性数字证书+区块链"是我国学分银行发展的必然模式

资历框架由资历等级和标准、学习成果认证、学分银行三大部分组成。资历框架是学习成果等级和标准的顶层设计。资历框架实施的关键是学习成果认证，学习成果认证是通过质量保证机制实现的。社会成员通过学习成果认证的资历和学分，通过学分银行机制得到积累、互认和转换。在学分银行中，每位社会成员都需要建立学习成果账户，包括个人通过正规教育、非正规教育和非正式学习的学习成果都以数字化形式呈现。学习成果账户不仅包括学历证书和课程成绩单，更重要的还包括学习者整个生涯发展的经历，包括动态的不断扩展的职业技能培训和能够显示职业能力水平的证书。

"可替代性数字证书+区块链"模式能够围绕每个人的数字账户建立区块链上的数字化证书体系，为每个人的学习成果加上时间戳，通过基于公钥和私钥的智能合约，由所有人共同来维护和决策，保护每个人的知识产权，也可以杜绝学历和证书造假。基于区块链的可替代性数字证书可以更有效地链接劳动力市场，为学校教育、企业培训和个人非正式学习与就业岗位的衔接提供可能，有效解决教育过度、教育不足、教育过时等各种技能失配问题。

11

第十一章

基于资历框架的学习成果互认联盟的组建价值与路径

【内容提要】资历框架是各级各类学习成果互认的基础,为学习成果的认证提供标准和准则,但由于学习成果质量的差异性、培养目标的迥异性、教育类型的复杂性、政策法规的不规范性等,各级各类学习成果直接认证存在难度,从某一教育类型入手,建立学习成果互认联盟是诸多国家试点实践的常用策略。以职业教育为例,职教体系承担着为社会服务的功能,校、企、行业有效对接才能创造最大收益。基于资历框架建立职教体系学习成果互认联盟,对促进职业教育与生产生活的结合、提高教学质量、深化校企合作、满足学习者自主学习需求等具有深远意义。具体措施包括健全职教体系学习成果互认联盟组织机构,在资历框架下明确职教联盟合作内容,建立职教体系学分质量保证机制,确立联盟成员的权利和义务等。

第一节　基于资历框架的学习成果互认内涵

学习成果是资格的表现,表示学习者具有相应程度的知识、技能和能力。学习成果根据取得途径的不同,分为学历教育学习成果、非学历教育学习成果、无定式学习成果。学历教育学习成果是大众较为熟悉的一种形式,通常表现为毕业证书、学位证书等。这种形式是目前大众较为认可甚至推崇的形式,以致出现"重学历轻能力"的现象。造成这种现象的原因很多,足以从侧面窥探出学历教育的重要性。非学历教育学习成果是学习者通过培训机构、职业技能鉴定机构等途径获取的证书,如国家职业资格证书、岗位技能培训证书、培训项目证书等。这类证书的含金量因举办机构的层次差异而差别较大。无定式学习成果是没有固定学习形式而获得的学习成果,如工作经验、技术创新、技能大赛等。在当前的教育环境下,学历教育学习成果、非学历教育学习成果、无定式学习成果是各自独立封闭的体系,学习者通过学历教育的学习后,若想通过相应资格证书类考试,就要重新学习职业技能鉴定机构考核内容。这造成学习者学习时间、学习资源的极大浪费,为此有必要建立基于资历框架的学习成果互认。

一、国际基于资历框架学习成果互认案例

布丹建立资历框架以推动学习成果认证与他国对接,并吸引国际学者和学生。通过布丹资历框架,布丹与世界各地的顶级大学和机构建立了互惠互利的联盟,与其他区域和国际资历认证框架紧密相关。

埃及为推动国家资历框架的实施,2008 年成立了向总理报告的独立机构——国家质量保证和认证管理局,该机构先后获得欧洲在线学习质量保证协会、欧洲远程和在线学习质量保证网络,以及国际高等教育质量保障组织会员资格,并与工程技术认证委员会建立了联盟(ETF,2018)。

二、国内基于资历框架学习成果互认案例

2019 年,安徽省终身教育学分银行联合 30 多所高校组成资源共享与学分互认联盟,依托安徽继续教育平台,探索建立了资源共享与学分互认机制和合作模式;与多家大型企业合作,探索了学分银行服务学习型组织的实践模式(安徽省终身教育学分银行,2019)。

江苏终身教育学分银行还积极开展了职业资格证书与学历教育课程对应关系的认证,技师学校成果(与江苏交通技师学院签订学习成果认证协议)和企业培训成果(和苏州工业园区富纳智能制造学院)的资质水平认证,为普通教育、职业教育和职业培训的成果互认提供依据。目前,江苏省终身教育学分银行学习成果名录已有 5 000 余项,实名用户超过 75 万,存入学习成果 117 万余条,出台发布转换规则 248 条,为 2 109 名学生 5 685 门次的转换申请提供服务,学分银行合作联盟达到 36 家(王建明,2019)。云南省在 2012—2014 年完成学分银行方案、组织架构、平台一期建设等基础性工作,建立终身学习档案库,学分银行账号的人数已达 124 124 名,存储学习成果 921 085 条。2015 年成立"云南省学分银行高职院校示范联盟",开展学分银行制度下的"中高衔接""专本

衔接"试点项目,探索职业教育不同层次课程学分、非学历学习成果的衔接与转换,以职业标准、资格标准为依据,建立职业教育学习成果层级指标。开展职业资格证书、培训课程、地方特色实践课程、工作实践经历、技能创业成果的认证、转换工作,制定相关学分认证细则(张伟远 等,2019)。

第二节　资历框架下职教体系学习成果互认的技术路线

基于学习成果质量的差异性、培养目标的迥异性、教育类型的复杂性、政策法规的不规范性等,各级各类学习成果直接认证存在难度,从某一教育类型入手,建立学习成果互认联盟是诸多国家试点实践的常用策略。《国家职业教育改革实施方案》提出建立职业教育国家资历框架,从职业教育入手改革具有重要意义。职业教育发展历史较短,职教体系在培养目标、学科水平层次方面差异较小,可尝试先建立职教体系小层次范围的学习成果互认,然后吸取成功经验,进行大范围推广。

职教体系主要指各类职业院校和职业培训机构。职教体系学习成果互认是针对职业院校和培训机构进行学历教育学习成果、非学历教育学习成果和无定式教育成果的互认。初期主要针对学历教育学习成果和非学历教育学习成果的互认。职教体系学习成果互认联盟是在职教体系内部对联盟单位的学习成果经过一定方式的检验后予以部分认可或全部认可的行为,经过认可的学习成果可以冲抵本校(企业、培训机构)部分学分,给予相应课程免修甚至免考的政策。这种互认不是降低教育质量、降低教学要求,相反是要通过联盟促进教育质量的提升、教学水平的提高,减少教育资源的浪费。

资历框架下职教体系学习成果互认要在保证成果质量的前提下进行。这就需要为成果互认制定一套规则,这个规则采用的是"框架+标准"的技术路线。框架为学习成果框架,包括成果等级、等级描述、类型、适用领域等范畴。标准为标准体系,是实现学习成果认证、积累和转换的依据,包括资格标准、认证单元标准、学分标准、转换规则及业务流程规范等(鄢小平,2015)。

一、资历框架下职教体系学习成果互认的级别维度

目前,国内大陆地区比较有影响力的学习成果框架由国家开放大学发布。学习成果框架共分为 10 个等级,其中中职被分为 3 个等级,高职被分为 2 个等级。诚然,等级标准比较详细,但落实到具体操作,却无法实行,其原因之一是框架的级别区分度不高。以技能维度为例,中职一年级的要求为"具有最基本的认知、技术和沟通技能,能应用适当的方法和工具,从事简单、确定的活动";中职二年级的要求为"具有最基本的认知、技术和沟通技能,能应用适当的方法、工具和材料,完成常规活动";中职三年级的要求为"具有基本、认知、技术和沟通技能,并能应用适当的方法、工具、材料及现成的信息,完成常规或非常规活动,为一些可预见的问题提供解决方案"。如此划分的初衷虽美好,即要求每年都有一定的进步,但不符合当代职业教育的现实环境。级别界限不清晰、区分度低,将直接影响具体的教学实践操作,在职教体系中推行难度较大。

需要专门针对职教体系制定职教体系框架,从现有资料来看,目前国内有两个:重庆职教与远教学习成果框架、广东终身教育资历框架(分为普通教育、职业教育、培训及业绩 3 个部分)。重庆将职教体系分为 4 个级别,从初中起,到应用本科止。广东省将职业教育分为 7 个级别,从小学起,到专业型博士止。这两个体系都比较符合目前职业教育的现实环境。需要特别说明的是,职教体系框架的设立可以与普通教育框架级别融通,见表 11.1。

表 11.1　国家开放大学、广东、重庆职业教育学习成果框架级别融通比较

国家开放大学成果框架		广东终身教育资历框架		重庆职教与远教学习成果框架	
框架级别	学习成果	框架级别	学习成果	框架级别	学习成果
10	专业博士	7	研究生/专业型博士	—	—
9	专业硕士	6	研究生/专业型硕士	—	—
8	学士学位	5	应用本科或学士	4	应用本科/学士
7	应用本科				
6	高职三年制	4	高职	3	高职
5	高职两年制				
4	中职毕业	3	中职/中技	2	中职
3	中职二年级				
2	中职一年级				
1	初中毕业	2	初中	1	初中
—	—	1	小学	—	—

通过表 11.1 可以清晰地看到,职业教育与普通教育在级别等级方面是相融通的,这也为后期职业教育成果与普通教育成果互认打下了基础。

二、职教体系学习成果互认标准维度

参考国际惯例和国家开放大学成果框架的维度划分,职教体系的学习成果框架是从知识、技能、能力 3 个维度进行描述的。知识是指与职业或生产劳动相关的理论、原理、事实和实践,它包括理论性、技术性和实践性知识。技能是指在生产劳动时能应用相关知识和方法解决问题的专项能力,包括认知技能和实践技能。能力是指在职业和个人发展过程中,运用知识、技能和方法完成任务和解决问题所体现出来的素质。在职教体系学习成果框架中,每个等级都有相应的等级标准。如对技能的描述,初中阶段为"选择和应用相应的信息、工具和方法,解决具体问题和完成相应任务所需要的技能";中职阶段为"在某个工

作或学习领域中,解决某些具体问题、完成相应任务的能力";高职阶段为"具有
创造地解决抽象问题的综合的认知和实践技能";应用本科为"创新性地解决复
杂和不可预测问题的高级技能"。对以上进行对比可看出,学习成果等级指标
的设置要清晰、明了,每个等级要求是不同的,见图11.1。同理,知识、能力也是
如此。职教体系学习成果对照等级标准描述指标,均能找到其在职教学习成果
框架中的等级。这为学习成果的互认提供了确切依据。

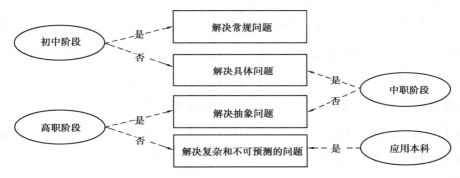

图 11.1　资历框架下职教体系学习成果框架级别标准技能维度关键指标

第三节　资历框架下职教体系学习成果互认联盟的组建价值

一、职业教育体系的根基

(一)促进职业教育与生产生活相结合

目前,职教体系与普通教育的各层次专业目录并未打通,中职和高职的专
业目录是相通的;普通教育的本科阶段和研究生阶段仅设有普通教育系列专业
目录,并未涉及职业教育专业目录(付云,2017)。职业教育是一个相对封闭的
体系,与普通教育沟通不畅,但与行业企业沟通较为顺畅。职业教育是源于生
活、源于企业需求的教育。它不是无源之水、无本之木,脱离生活的职业教育便

会在教学特色上失去职业方向,加之在教学水平方面比不上普通教育,很容易让自身处于尴尬境地,这也成为目前大部分职业院校的通病。职教体系学习成果框架的各专业通用标准是由一线教师、行业专家、企业、事业单位及相关专业培训机构通过调研获得,调研标准要根据国家职业标准、行业岗位需求和职业鉴定考核要求,根据调研内容设置专业职业能力要求和专业职业能力模块。

(二)促进职业教育课程质量的提升

职教体系各专业职业能力模块对每一等级的学习成果在知识、技能、能力等方面都有具体的描述,每个学习成果均能在框架中找到位置,有助于框架使用者对各类学习成果进行比对,对学习成果的质量提出要求,要求在质量、数量上都达到标准。一是对职教体系课程建设质量提出更高要求。职业院校不能由于实训场地缺失、授课教师缺少等随意开设和变更课程。二是对授课的质量也提出要求。每个专业能力模块中都设有 $1 \sim N$ 个认证单元,认证单元中对每个知识点的学习和评价都提出可操作性的考核办法,这无形中要求办学机构监督自身教学质量,同时要求联盟方对学习成果做好把关工作,从而有助于整个职教体系教学质量的提升。

二、校企合作的动力

(一)优化整合校企教育资源

教育资源是指举办和发展教育事业、进行教育活动所占用、使用和消耗的人力、物力和财力资源,包括物力资源、人力资源、组织资源、品牌资源等所有存量资源。职业教育资源是有限的,而学生的需求是个性化的。作为校际、校企交流的工具,职教体系学习成果互认有助于打破职业教育领域的封闭状态,形成开放、共享的资源状态,这无疑能最大限度地满足学生需求。首先,硬件资源的共享。部分学校在实训场地、教学设施方面欠缺,或者建构部分教学设施代价昂贵,使用率又较低,但又是教学必需品,这可以与企业、联盟学校进行资源共享。资源共享可以有效减少资源重置和资源浪费现象。采取的形式有学生跨校学习；到企业顶岗学习；将企业部分硬件资源设在学校，实现工作环境模拟。其次，软件资源的共享。师资欠缺是突出问题，表现为专业教师团队数量不足、质量不高。联盟内部通过相应协调机制，聘请联盟内部院校、企业的教师与工程师到本校内部授课，可以适当调和数量不足的矛盾冲突。师资质量不高是影响职教体系教学质量的致命问题。现在各个院校对教师的磨课实行封闭制度，甚至院校内部各个教师的备课都是单打独斗，教研室通常负责审核教案和PPT。磨课通常出现在中小学阶段，根据磨课活动组织主体不同分为公开课前磨课、校本磨课、教师中心磨课和项目运作磨课4种形式（郭文革，2017）。磨课现象在职教体系极为少见。职教体系磨课是集中团队成员智慧用平时积累的教学经验、行业工作经验对各知识点进行反复推敲，从而有效组织教学内容、试讲的过程。磨课有助于教学质量的提高，促进教师的成长，营造浓郁的教研氛围。具体组织方式为联盟组织内部按行业、专业划分磨课方向，共同研制教学计划、组织教学内容、拟定教学形式等。

（二）建立供需平衡机制

职业教育教学的本质是培养人，学习者通过学习实现知识、技能、能力的变化。这种变化是行为或行为潜能方面相对持久的变化，侧重关注学习者的改变。而企业以追求经济利益最大化为目的，侧重物的数量或质量的变化。学校和企业的出发点不同，造成现阶段校企合作的表面化。在就业阶段，企业抱怨招不到人才，学生抱怨找工作难，其原因之一是学校的供给与企业的需求出现严重偏差。为此，要弄清楚职业教育是为谁培养人、培养什么样的人的问题。首先，学校要明确企业的需求，适当根据企业需求培养人。学习成果框架的建立需要大量前期企业调研，根据企业需求设置专业体系学习成果框架。企业的需求是首要的，要改变目前职业院校以陈旧理论知识为中心的知识体系框架，传授知识要更符合实际需求。知识体系框架设置得再好，不符合企业需求，等于零。学生学过的知识容易忘记，考试后立马忘记的现象一再重演，所以运用知识很关键。因此,学习成果框架的建立要在满足企业需求的基础上设置知识体系,这无疑加强了校企合作的力度,培养的人才也更加符合社会需求。其次,职业教育是培养学习者从事一定社会生产劳动,需要开展教育活动,满足社会职业技能、职业素养需求。大数据分析法能准确研判职业教育行业的供给状况、需求状况、需求趋势,从而调整学习成果框架结构,高契合度地满足行业市场供需平衡。

三、学生终身发展的需要

(一)学习者自主学习的需要

单纯的学校教育已经不能满足现代社会需求,多渠道多途径地增进职业技能学习成为急需。自主学习一直是教学改革的目标,也是普及终身教育的前提。学习成果联盟的建立是根据企业需求设置知识体系框架结构,能够使学生清晰明了学校会开设哪些课程,会发展自己哪些方面的能力,在这个专业体系还有哪些课程是自己感兴趣的,可以自学或者选修。

(二)现代社会继续教育的需要

继续教育是终身学习体系的重要组成部分。目前学校、培训机构开设教学科目众多,教育机构之间缺乏对知识体系的梳理,重复学习、浪费学习的现象严重。这不仅是教学资源的浪费,更是对学习者时间、精力、财力的消耗。

第四节 资历框架下职教体系学习成果互认联盟的构建路径

一、资历框架下职教体系学习成果互认联盟的构建原则

开展联盟的首要原则为自愿,通过自愿行为,容易将职业教育教学的日常工作落到实处,这是开展学分互认及围绕学分互认相关方面开展工作的基本原则。其次,权利与责任对等。联盟成员要认可联盟的学习成果,同时也需要对自身提供的学习成果进行资源支持和过程监控,以保证学习成果质量。最后,共建共享。各联盟成员要提供优质职业教育课程及相关资源,逐步形成共建、共享、共赢的合作模式,从而推动颁证机构之间职业教育学习成果的互认和转换以及优质职业教育资源的共享。

二、资历框架下职教体系学习成果互认联盟的组织机构设置

职教体系学习成果互认联盟实行会员制度,拥有颁证权利的普通高校、中高职院校、企事业单位、行业协会和教育培训机构等都可以申请加入互认联盟大会,这些加盟的机构成为联盟大会的会员单位。在组织结构设置上,联盟会设立的最高议事机构为理事会。建立初期,理事会成员由已经基于职教体系学习成果框架开展实质性业务的联盟单位组成。理事长由联盟单位按照确定顺序轮值担任,任期一年。理事会主要负责制定、修改联盟章程及联盟管理制度,审定联盟发展规划和年度工作计划,审批新成员的加入等。学习成果质量问题是联盟的核心问题,质量的高低直接影响联盟的运行。因此要成立机构审核委员会,负责审核联盟成员的资格、学习成果的质量监督等,在建立初期可由联盟理事单位推荐人才,采取逐步建立专家库的办法。联盟成果互认的办公日常事

务和管理工作由秘书处负责,秘书处设在学分银行,具体负责联盟章程等规章制度的维护、职教体系联盟内部各类会议的组织和服务、联盟成员间的学术交流和业务往来等工作。

三、资历框架下职教体系学习成果互认联盟的组织运行

(一)职教联盟合作内容

一是各行业、专业标准体系开发。这是职教联盟合作的首要内容。标准是学习成果认证、积累和转换的依据,标准代表学习成果的最低基准,主要包括资格标准、认证单元标准、学分标准和评价标准的开发。其中,认证单元标准的开发是核心内容。认证单元的制定是学科专家、行业企业专家以职业标准为工作导向,发展能力为本质任务,挖掘行业发展最前沿动态,在进行实证研究的基础上遵循知识内容相对独立性原则,提炼学习成果中包含的知识、技能要素。二是职教联盟标准体系应用。同层次学历教育互认、不同层级学历教育互认、非学历教育与学历教育互认的技术路径是不同的,根据类型的不同,探索相应认证单元实现学习成果的认证、积累和转换的技术路径应用。

(二)职教体系学分质量保证机制

学分质量保证机制是联盟成功与否的关键,学分的质量直接影响联盟的质量(吴南中,2017)。学分质量表现在两个方面:联盟成员单位的资质和联盟成员单位提供学习成果的质量。因此,申请加入职教互认联盟的成员单位必须依据相应的规范和流程,通过机构审核才能加入职教互认联盟,联盟成员单位提供的学习成果及学习资源要经过认证后才能纳入职教学习成果框架管理中。对联盟的成果形成互认机制,联盟院校对学习成果要负责,采取既注重联盟过程又重视联盟结果的措施,通过成果互认倒逼联盟院校课程建设、教学质量的提高。

(三)联盟成员的权利和义务

联盟成员通过联盟机构获得学习成果认证、积累与转换运营业务,其权利

包括:学分银行账户建立、认证受理、成果证明出具等;向联盟机构提出学习成果转换申请,获得同意后按技术路径转换成果;查看联盟内学习成果档案信息;自愿加入、自由退出联盟。联盟成员的义务主要包括:提供优质学习成果及学习资源;积极参与认证单元开发、协议转换、质量保证体系构建、运营模式探索、课程建设等业务;主动推进管理制度改革和人才模式创新,建立与学分银行制度相适应的教学计划、课程结构、教学内容和考核方式;退出联盟时必须完成联盟协议中约定的责任。

普通教育和职业教育体系的联系相对较少,各自为政的情况较多,要建立职教体系学习成果互认联盟,离不开政府的推动,政府需要建立相应的教育政策、法规。前期,通过行政支持,推动不同层次的职业院校,不同企事业单位、培训机构进行学习成果的互认衔接,促进联盟的良性运转,在联盟运行经费上也要予以支持。后期,根据运营状况,引入市场机制,适当收取加盟会费。总之,资历框架下职教体系互认联盟是一项巨大的社会建设工程,需要多方单位的通力配合。

参考文献

[1] 陈丽,逯行,郑勤华."互联网+教育"的知识观:知识回归与知识进化[J].中国远程教育,2019(7):10-18,92.

[2] 陈嘉明.现代西方哲学方法论讲演录[M].桂林:广西师范大学出版社,2009:8.

[3] 樊文强.MOOC学习成果认证及对高等教育变革路径的影响[J].现代远程教育研究,2015(3):53-64.

[4] 国务院.中国教育现代化2035[EB/OL].(2019-02-23)[2019-04-10].http://www.gov.cn/xinwen/2019/02/23/content_5367987.htm.

[5] 国务院.中华人民共和国国民经济和社会发展第十三个五年规划纲要[EB/OL].(2016-03-17)[2019-02-13].http://www.gov.cn/xinwen/2016-03/17/content_5054992.htm.

[6] 国家信息中心"一带一路"大数据中心."一带一路"贸易合作大数据报告(2018)[EB/OL].(2018-05)[2019-03-10].https://www.yidaiyilu.gov.cn/mydsjbg.htm.

[7] 国家开放大学学分银行(学习成果认证中心).学习成果框架[EB/OL].[2019-03-05].http://cbouc.ouchn.edu.cn/gkcms/wwwroot/cbank2/kj/xxcgkj/index.shtml.

[8] 广东省教育厅.广东终身教育资历框架等级标准广泛征求意见[EB/OL].(2016-10-25)[2019-03-03].http://www.gdhed.edu.cn/gsmpro/web/jytwap/content.jsp?infoid=502007&pageId=1.

[9] 顾明远.为高职扩招百万叫好[N].中国教育报,2019-03-15.

[10] 黄健,刘雅婷,江丽,等.资历框架的设计与运行:香港的经验启示及建

议[J].开放教育研究,2017(6):111-120.

[11] 教育部.2018年度我国出国留学人员情况统计[EB/OL].(2019-03-27)[2019-04-10]. http://www. moe. gov. cn/jyb_xwfb/gzdt_gzdt/s5987/201903/t20190327_375704. html.

[12] 教育部.2018年来华留学统计[EB/OL].(2019-04-12)[2019-04-17]. http://www. moe. gov. cn/jyb_xwfb/gzdt_gzdt/s5987/201904/t20190412_377692. html.

[13] 教育部.教育部关于《中华人民共和国职业教育法修订草案(征求意见稿)》公开征求意见的公告[EB/OL].(2019-12-05)[2019-12-30]. http://www. moe. gov. cn/jyb_xwfb/s248/201912/t20191205_410969. html.

[14] 姜大源.现代职业教育应有大视野:建立国家资格框架[J].现代人才,2014(1):47-48.

[15] 联合国教科文组织.关于拟定承认高等教育相关资历全球公约草案的进展报告[EB/OL].(2019-11-27)[2019-12-20]. https://unesdoc. unesco. org/ark:/48223/pf0000370155_chi/PDF/370155chi. pdf. multi.

[16] 李志民.2018年全球主要慕课(MOOC)平台发展情况简介[EB/OL].(2019-01-30)[2019-03-30]. http://www. ict. edu. cn/html/lzmwy/mooc/n20190130_56453. shtml.

[17] 王绍光.中国公共政策议程设置的模式[J].中国社会科学,2006(5):86-99.

[18] 王海东.学习成果认证制度的构成要素与建设路径[J].中国职业技术教育,2018(27):13-18.

[19] 谢青松.职业教育与培训资历框架的国际比较:学习成果的互认与衔接[J].教育与职业,2019(10):5-12.

[20] 谢青松.区域资历框架的构建和对接的比较研究[J].中国职业技术教

育, 2019(18):36-45.

[21] 谢青松,许玲.人工智能时代的职业技能失配:特征解析与应对策略[J].职业技术教育, 2019,40(28):6-11.

[22] 谢青松.基于终身教育资历框架的 MOOC 学习成果认证与衔接[J].中国职业技术教育, 2019(9):20-27.

[23] 谢青松,吴南中.终身教育资历框架下的质量保证机制:欧盟和东盟的策略与启示[J].成人教育, 2019(3):86-93.

[24] 杨现民,李新,吴焕庆,等.区块链技术在教育领域的应用模式与现实挑战[J].现代远程教育研究, 2017(2):34-45.

[25] 张伟远,谢青松.资历框架的级别和标准研究[J].开放教育研究, 2017,24(2):75-82.

[26] 张伟远,谢青松."一带一路"沿线国家资历框架的发展现状和管理模式研究[J].现代远程教育研究, 2019(1):1-8.

[27] 张伟远,谢青松,王晓霞.东盟终身教育资历参照框架和质量保证系统的构建及启示[J].现代远程教育研究,2017(5):12-20.

[28] 张伟远,傅璇卿.搭建终身学习立交桥的七大任务:基于香港的实践[J].中国远程教育, 2013(19):5-10.

[29] 张伟远,段承贵,傅璇卿.搭建终身学习立交桥:国际的发展和比较[M].北京:中央广播电视大学出版社, 2014:299-305.

[30] 周晶晶,陶孟祝,应一也."学分银行"概念功能探析——基于国内理论研究的回顾和实践探索的梳理[J].现代远距离教育, 2017(1):3-10.

[31] 章玳.香港高校基于成效为本的课程改革与启示[J].现代远程教育研究, 2014(1):79-84.

[32] 张涵,秦进.MOOC 学习成果认证探究[J].中国高校科技, 2018(6):47-49.

[33] 张润芝. 积累与转换视角下 MOOC 学分的认证方法[J]. 现代教育技术, 2018, 28(5):95-101.

[34] 安徽省终身教育学分银行. 我校承担的"继续教育学习成果认证、积累与转换试点"项目通过国开验收评审获优秀等次[EB/OL]. (2019-06-17)[2020-02-17]. http://www.ahlecb.cn/client/supports/supports!newsdetail.action? id=722.

[35] 付云. 现代职教体系构建下的各类专业目录对比研究[J]. 现代教育管理, 2017(4):80-84.

[36] 郭文革. 磨课的形式与实践样态[J]. 教育理论与实践, 2017(29):56-58.

[37] 王建明, 崔新有. 守正、创新, 共谋美好明天——写在江苏开放大学办学40周年之际[N]. 新华日报(专版), 2019-12-27.

[38] 吴南中. 职教与远教一体化学分银行建设研究[J]. 教育与职业, 2017(10):35-41.

[39] 鄢小平. 我国学分银行制度的模式选择和架构设计[J]. 远程教育杂志, 2015(1):30-38.

[40] 张伟远, 张璇. 推进终身学习和建立学分认证制度的最新发展与实践探索[J]. 江苏开放大学学报, 2019, 28(2):11-16.

[41] AICTE. National Vocational Education Qualification Framework[EB/OL]. (2012-08-31)[2019-04-12]. https://www.aicte-india.org/downloads/NVEQF_schema_All.pdf.

[42] ARBESMAN S. The Half-life of Facts: Why Everything We Know Has an Expiration Date[J]. Quantitative Finance, 2014, 14(10):1701-1703.

[43] ALDAHDOUH A A, OSÓRIO A J, CAIRES S. Understanding Knowledge Network, Learning and Connectivism [J]. International Journal of Instructional Technology and Distance Learning, 2015, 12(10):3-21.

［44］ ADELMAN C. The Bologna Process for U. S. Eyes：Re-learning Higher Education in the Age of Convergence［EB/OL］. （2009-04）［2019-05-17］. http：//atlantis. utoledo. edu/US-report-bologna-april2009. pdf.

［45］ AUYEUNG V. Review：To MOOC or not to MOOC：Issues to Consider for Would-be MOOC Academic Leads［J］. Higher Education Research Network Journal，2015（9）：64-71.

［46］ ALLEN I E, SEAMAN J. Grade Level：Tracking Online Education in the United States ［EB/OL］. （2015-02）［2019-02-03］. http：//www. onlinelearningsurvey. com/reports/gradelevel. pdf.

［47］ ALDAHDOUH A A, OSORIO A J. Planning to Design MOOC? Think First! ［J］. The Online Journal of Distance Education and e-Learning，2016,4（2）：47-57.

［48］ BARTOLOMÉ A, STEFFENS K. Are MOOCs Promising Learning Environments? ［J］. Comunicar, 2015, 44（22）,91-99.

［49］ BIRD K, GANZGLASS E, PRINCE H. Giving Credit Where Credit is Due ［EB/OL］. （2011-06-07）［2019-05-19］. https：//www. clasp. org/sites/default/files/public/resources-and-publications/files/CPES-Giving-Credit-Where-Credit-Is-Due-6. 07. 11-Webinar. pdf.

［50］ BAMFORD-REES D. Thirty-five Years of Prior Learning Assessment：We've Come a Long Way［C］. In：HART D, HICKERSON J. Prior Learning Portfolio：a Representative Collection. Chicago：CAEL, 2008：1-10.

［51］ BAC（Bhutan Accreditation Council）. Bhutan Qualifications Framework ［EB/OL］. （2012）［2019-04-11］. http：//www. dahe. gov. bt/images/pdf/Bhutan%20Qualifications%20Framework%20Inside%20Content. pdf.

［52］ BLOCKCERTS. Introduction ［EB/OL］. ［2019-12-04］. https：//www. blockcerts. org/guide.

［53］ Caribbean Community. CARICOM Qualifications Framework［EB／OL］. （2012-07-13）［2019-04-15］. https：//www. collegesinstitutes. ca/wp-content/uploads/2014/05/CARICOM-Qualifications-Framework. pdf.

［54］ CryptoNinjas. Malta rolls out Blockcerts Blockchain Credentials in Education/Employment［EB／OL］. （2019-02-25）［2019-04-12］. https：//www. cryptoninjas. net/2019/02/25/malta-rolls-out-blockcerts-blockchain-credentials-for-education-and-employment.

［55］ CEDEFOP. Global Inventory of Regional and National Qualifications Frameworks 2017［EB／OL］. （2017-12-22）［2019-04-17］. http：//www. cedefop. europa. eu/files/2222_en. pdf.

［56］ CEDEFOP. Insights into Skill Shortages and Skill Mismatch［EB／OL］. （2018-01-30）［2019-06-30］. https：//www. CEDEFOP. europa. eu/files/3075_en. pdf.

［57］ CEDEFOP. Global Inventory of Regional and National Qualifications Frameworks 2017_Volume I：Thematic Chapters［EB／OL］. （2017-11-20）［2019-03-03］. http：//www. cedefop. europa. eu/files/2221_en. pdf.

［58］ CEDEFOP. National Qualifications Framework Developments in Europe 2017［EB／OL］. （2018）［2019-03-05］. http：//www. cedefop. europa. eu/en/publications-and-resources/publications/4163.

［59］ CEDEFOP. Qualfications Frameworks in Europe 2018 Developments［EB／OL］. （2019-05）［2019-05-26］. http：//www. cedefop. europa. eu/files/9139_en. pdf.

［60］ CEDEFOP. EQF Celebrates 10th Anniversary［EB／OL］. （2018-05）［2019-04-15］. http：//www. cedefop. europa. eu/files/eqf_celebrates_10th_anniversary_-_slave_pevel_grm_cedefop_skillset_and_match_may_2018. pdf.

［61］CEDEFOP. Briefing Note-Qualifications Frameworks in Europe［EB/OL］.
（2016-12-16）［2019-04-12］. http：//www. cedefop. europa. eu/mt/
publications-and-resources/publications/9117.

［62］CHAKROUN B，ANANIADOU K. Global Inventory of Regional and
National Qualifications Frameworks 2017，Volume I：Thematic Chapters
［EB/OL］. （2017-11-20）［2020-01-12］. http：//www. CEDEFOP.
europa. eu/files/2221_en. pdf.

［63］COL. Transnational Qualifications Framework for the Virtual University for
Small States of the Commonwealth［EB/OL］. （2015-04）［2019-04-15］.
http：//oasis. col. org/bitstream/handle/11599/501/TQF. pdf？sequence
=4.

［64］Council of the European Union. Council Recommendation on the European
Qualifications Framework for Lifelong Learning and Repealing the
Recommendation of the European Parliament and of the Council of 23 April
2008 on the Establishment of the European Qualifications Framework for
Lifelong Learning［EB/OL］. （2017-05-22）［2019-04-15］. http：//data.
consilium. europa. eu/doc/document/ST-9620-2017-INIT/en/pdf.

［65］Coursera. About［EB/OL］. （2019）［2019-02-03］. https：//about.
coursera. org.

［66］Cognitive Class. Courses［EB/OL］. （2019）［2019-02-13］. https：//
cognitiveclass. ai/courses.

［67］COL. Guidelines for Quality Assurance and Accreditation of MOOCs［EB/
OL］. （2016）［2019-02-14］. http：//oasis. col. org/bitstream/handle/
11599/2362/2016＿Guidelines-QAA-MOOCs. pdf？sequence＝6&isAllowed
=y.

［68］CHAKROUN B. Future of Qualifications［EB/OL］. （2019-06-25）［2020-02-

06］．http：∥saqa. org. za∕docs∕pres∕2019∕Borhene％20Chakroun_Future％ 20trends. pdf.

［69］ CHETTY R，HENDREN N，JONES M R，et al. Race and Economic Opportunity in the United States：an Intergenerational Perspective［J］．The Quarterly Journal of Economics，2018,135（2）:711-783.

［70］ CEDEFOP. Global Inventory of Regional and National Qualifications Frameworks，Volume I：Thematic Chapters［EB∕OL］．（2015）［2020-01- 12］．https：∥www. CEDEFOP. europa. eu∕files∕2213_en. pdf.

［71］ COL. Open Educational Resources：From Commitment to Action［EB∕ OL］．（2017-09-11）［2019-04-03］．http：∥oasis. col. org∕bitstream∕ handle∕11599∕2789∕2017 _ COL _ OER-From-Commitment-to-Action. pdf? sequence＝1&isAllowed＝y.

［72］ European Parliament. Glossary Recommendation of the European Parliament and of the Council of 23 April 2008 on the Establishment of the European Qualifications Framework for Lifelong Learning［EB∕OL］．（2008-04-23） ［2019-05-18］．http：∥www. eucen. eu∕EQFpro∕GeneralDocs∕FilesFeb09∕ GLOSSARY. pdf.

［73］ European Commission. Descriptors Defining Levels in the European Qualifications Framework（EQF）［EB∕OL］．（2008-04-23）［2019-02- 21］．https：∥ec. europa. eu∕ploteus∕en∕content∕descriptors-page.

［74］ European Commission. Find and Compare Qualifications Frameworks［EB∕ OL］．［2019-05-18］．https：∥ec. europa. eu∕ploteus∕en∕compare? field_ location_selection_tid％5B％5D＝435&field_location_selection_tid％5B％ 5D＝471.

［75］ European Council. Council Recommendation of 22 May 2017 on the European Qualifications Framework for Lifelong Learning and Repealing the

Recommendation of the European Parliament and of the Council of 23 April 2008 on the Establishment of the European Qualifications Framework for Lifelong Learning〔EB/OL〕.（2017-06-15）〔2018-07-28〕. http://ec. europa. eu/social/BlobServlet? docId=15686&langId=en.

〔76〕ENQA. Comparative Analysis of the ESG 2015 and ESG 2005〔EB/OL〕.（2016-03-02）〔2018-07-20〕. http://www. enqa. eu/indirme/papers-and-reports/associated-reports/EQUIP_comparative-analysis-ESG-2015-ESG-2005. pdf.

〔77〕ENQA. Standards and Guidelines for Quality Assurance in the European Higher Education Area（ESG）〔EB/OL〕.（2015-05-06）〔2018-07-18〕. http://www. enqa. eu/wp-content/uploads/2015/11/ESG_2015. pdf.

〔78〕EQAVET. European Quality Assurance Reference Framework〔EB/OL〕.（2009-07-08）〔2018-07-20〕. https://www. eqavet. eu/What-We-Do/European-Quality-Assurance-Reference-Framework/Overview.

〔79〕ETF. Inventory of NQF Recent Developments in ETF's Partner Countries〔EB/OL〕.（2014-05-07）〔2019-04-17〕. https://connections. etf. europa. eu/wikis/home? lang=en#!/wiki/Wf591e43b607e_4ccf_8d94_a3256a255147/page/India%20-%20NQF%20Inventory.

〔80〕EdX. Programs & Degrees〔EB/OL〕.（2019）〔2019-02-08〕. https://www. edX. org/course? program=all.

〔81〕FONG J, JANZOW P, PECK K. Demographic Shifts in Educational Demand and the Rise of Alternative Credentials〔EB/OL〕.（2016-06-05）〔2019-04-02〕. https://upcea. edu/wp-content/uploads/2017/05/Demographic-Shifts-in-Educational-Demand-and-the-Rise-of-Alternative-Credentials. pdf.

〔82〕FuntureLearn. Courses〔EB/OL〕.（2019）〔2019-02-13〕. https://www. futurelearn. com.

［83］ GRAHAM M, DEIJ A. Organising to Deliver National Qualifications Frameworks［EB/OL］.（2017）［2019-03-05］. http://www. cedefop. europa. eu/files/2221_en. pdf.

［84］ GOB（Government of Bangladesh）. Implementation Manual：National Training and Vocational Qualifications Framework（NTVQF）［EB/OL］.（2013）［2019-04-11］. https://www. ilo. org/wcmsp5/groups/public/---asia/---ro-bangkok/---ilo-dhaka/documents/publication/wcms_222644. pdf.

［85］ GRECH A, CAMILLERI A F. Blockchain in Education［EB/OL］.（2017-11-11）［2019-04-03］. https://publications. jrc. ec. europa. eu/repository/bitstream/JRC108255/jrc108255_blockchain_in_education（1）. pdf.

［86］ HEC. National Qualifications Framework of Pakistan 2015［EB/OL］.（2015-12）［2019-03-03］. http://hec. gov. pk/english/services/universities/pqf/Documents/National% 20Qualification% 20Framework% 20of% 20Pakistan. pdf.

［87］ HO A D, CHUANG I, REICH J, et al. HarvardX and MITx：Two Years of Open Online Courses Fall 2012-Summer 2014［J］. SSRN Electronic Journal, 2015-03-30.

［88］ HARRIS J, WIHAK C. The Recognition of Non-Formal Education in Higher Education：Where Are We Now, and Are We Learning from Experience［J/OL］. International Journal of E-Learning & Distance Education. 2018, 33（1）［2019-02-19］. https://files. eric. ed. gov/fulltext/EJ1180057. pdf.

［89］ HART J, CHAKROUN B. World Reference Levels for Lifelong Learning：a Tool for Comparison and Recognition of Learning Outcomes［EB/OL］.（2019-05-22）［2020-01-17］. https://www. etf. europa. eu/sites/default/files/2019-05/03% 20P221543 _ Volume% 20I% 20-% 20PROOF% 202 _

IC％20-％20080519％20-％20x％20copies. pdf.

［90］HICKEY D T. How Open E-credentials Will Transform Higher Education ［EB/OL］. （2017-04-14）［2019-06-15］. https：//link. gale. com/apps/ doc/A491842709/OVIC？ u＝cnbnu&sid＝OVIC&xid＝522a316.

［91］HART J. UNESCO World Reference Levels （WRLs）： a New Way to Compare Outcomes［EB/OL］. （2019-11-28）［2020-02-06］. https：// www. CEDEFOP. europa. eu/files/unesco_world_reference_levels_-_john_ hart. pdf.

［92］Hart Research Associates. Fulfilling the American Dream：Liberal Education and the Future of Work ［EB/OL］. （2018-07-16）［2019-03-30］. https：// www. aacu. org/sites/default/files/files/LEAP/2018EmployerResearchReport. pdf.

［93］Iversity. Courses ［EB/OL］. （2019）［2019-02-13］. https：//iversity. org/ en/courses.

［94］ICDE. The Status and Future of Alternative Digital Credentials （ADCs） ［EB/OL］. （2019-01-05）［2020-02-05］. https：//static1. squarespace. com/static/5b99664675f9eea7a3ecee82/t/5cc69fb771c10b798657bf2f/ 1556520905468/ICDE-ADC+report-January+2019+％28002％29. pdf.

［95］IOM. World Migration Report 2020［EB/OL］. （2019-11-27）［2020-02- 16］. https：//doi. org/10. 18356/b1710e30-en.

［96］ISAAC I. The Philippine National Qualifications Framework. Paper Presented by Irene Isaac, Director Ⅳ, Technical Education and Skills Development Authority, the Philippines, at the International Conference on Implementation of NQF Policies and Strategies［EB/OL］. （2011-04）［2019- 03-05］. http：//www. unescobkk. org/fileadmin/user_upload/epr/TVET/ PHILIPPINES_Paper. pdf.

［97］JAFTHA C, SAMUELS J. World Reference Levels： a Global Learning

Outcomes Initiative to Promote Recognition of Learning[EB/OL]. (2017-09-28)[2020-01-30]. http://saqa. org. za/docs/news/2017/World%20Reference%20Levels%20article. pdf.

[98] JAMES K, BORHÈNE C. Level-setting and Recognition of Learning Outcomes. Paris: UNESCO[EB/OL]. (2015)[2020-02-12]. http://unesdoc. unesco. org/images/0024/002428/242887e. pdf.

[99] JOSEPH A I M, NATH B A. Integration of Massive Open Online Education (MOOC) System with in-Classroom Interaction and Assessment and Accreditation: an Extensive Report from a Pilot Study[EB/OL]. [2019-02-25]. http://worldcomp-proceedings. com/proc/p2013/EEE3547. pdf.

[100] KEATING J. The Malaysian Qualifications Framework. An Institutional Response to Intrinsic Weaknesses[J]. Journal of Education and Work, 2011, 24(23):393-407.

[101] JACOBY J. The Disruptive Potential of the Massive Open Online Course: a Literature Review[J]. Journal of Open Flexible and Distance Learning, 2014, 18(1):73-85.

[102] KEEVY J, CHAKROUN B. Level-setting and Recognition of Learning Outcomes: the Use of Level Descriptors in the Twenty-first Century[EB/OL]. (2015)[2019-06-15]. https://unesdoc. unesco. org/ark:/48223/pf0000242887.

[103] Lumina Foundation. Developing an American Credentials Framework: Learning from International Experiences and Re-Examining the U. S Credentialing System[EB/OL]. (2014-09)[2019-05-17]. http://www. connectingcredentials. org/wp-content/uploads/2015/04/Developing-an-American-Credentials-Framework-Learning-from-International-Experiences-and-Re-Examining-the-U. S-Credentialing-System. pdf.

[104] Lumina Foundation. Connecting Credentials［EB/OL］. （2015-05）［2019-05-17］. https：//www. luminafoundation. org/files/resources/connecting-credentials. pdf.

[105] MARKOFF J, TIMES N Y. Virtual and Artificial, but 58 000 Want Course［J］. Communications of the Acm, 2011.

[106] MATKIN G W. Alternative Digital Credentials：an Imperative for Higher Education［J］. Center for Studies in Higher Education, 2018.

[107] MALAYSIA. UNESCO Institute for Lifelong Learning［EB/OL］. （2015）［2019-03-03］.http：//uil. unesco. org/fileadmin/keydocuments/LifelongLearning/en/UIL_Global_Inventory_of_NQFs_Malaysia. pdf.

[108] New Zealand Government. The New Zealand Qualifications Framework［EB/OL］. （2016-05）［2019-02-22］. http：//www. nzqa. govt. nz/assets/Studying-in-NZ/New-Zealand-Qualification-Framework/requirements-nzqf. pdf.

[109] NQA. Qualifications Frameworks ［EB/OL］. ［2019-05-16］. http：//qualifications. ae/Qualifications_Framework.

[110] NAVTTC. National Vocational Qualifications Framework （NVQF）［EB/OL］. （2017-10）［2019-03-03］. http：//navttc. org/downloads/NVQF_Version%20_II. pdf.

[111] NOY M V, JACOBS J, KOREY S. Noncredit Enrollment in Workforce Education：State Policies and Community College Practices［J］. American Association of Community Colleges, 2008：64.

[112] NAVTTC. Pakistan National Vocational Qualifications Framework （NVQF）［EB/OL］. （2014-12）［2019-03-03］. http：//www. navttc. org/downloads/curricula/NVQF20141205V4Old. pdf.

[113] PEREZ-PENA R. Top Universities Test the Online Appeal of Free［R］.

The New York Times, 2012: A15.

[114] QCA. Report Referencing the Qualifications Frameworks of the United Kingdom to the European Qualifications Framework [EB/OL]. (2011-05-16) [2019-04-26]. https://webarchive. nationalarchives. gov. uk/+/ http://www. ofqual. gov. uk/files/2011-05-16-uk-eqf-referencing-report. pdf? Itemid=185.

[115] RODRIGUEZ C O. MOOCs and the AI-Stanford Like Courses: Two Successful and Distinct Course Formats for Massive Open Online Courses [J]. European Journal of Open, Distance and E-Learning, 2012 (1):13.

[116] COBB R, ROSS J K, ROSS M H. Agenda Building as a Comparative Political Process[J]. American Political Science Review, 1976,70(1): 126-138.

[117] SADC. Summary of Deliberations Meeting of the SADC Technical Committee on Certification and Accreditation [EB/OL]. (2017-04-21) [2019-04-15]. http://www. sadc. int/files/4214/9327/4413/Final _ Summary_of_the_meeting_TCCA_19-20_April_2017. pdf.

[118] SAARC. South Asian Association for Regional Cooperation: Technical Meeting of Senior Officials on Education [EB/OL]. (2016-09-16) [2019-04-12]. https://teams. unesco. org/ORG/fu/bangkok/public _ events/Shared%20Documents/IQE/2017/5-SAARC%20Workshop/Documents/ SAARC%20Action%20Plan%20Adopted. pdf.

[119] SAARC. DASHBOARD: Macro-Economic Indicators[EB/OL]. (2017-12)[2019-04-12]. http://www. saarcstat. org.

[120] SAARC. New Delhi Declaration on Education[EB/OL]. (2014-10-31) [2019-04-12]. http://saarc-sec. org/assets/responsive _ filemanager/

source/Files% 20for% 20Areas% 20of% 20Cooperation/ESC/Education% 20Files/NEW% 20DELHI% 20DECLARATION% 20ON% 20EDUCATION. pdf.

［121］UNESCO. Shanghai Consensus：Recommendations of the Third International Congress on Technical and Vocational Education and Training "Transforming TVET：Building Skills for Work and Life"［EB/OL］.（2012-05-16）［2020-01-12］. https：//unevoc. unesco. org/fileadmin/up/217683e. pdf.

［122］UNESCO. Experts Meet to Assess the World Reference Level Qualifications System after Field-testing［EB/OL］.（2018-03-14）［2020-02-06］. https：//en. unesco. org/news/experts-meet-assess-world-reference-level-qualifications-system-after-field-testing.

［123］UNESCO. Improving World Reference Level Tool for Recognition of Skills Across Borders［EB/OL］.（2018-12-05）［2020-02-06］. https：//en. unesco. org/news/improving-world-reference-level-tool-recognition-skills-across-border.

［124］UNESCO. World Reference Levels Expert Group Advances Work on Recognition of Skills［EB/OL］.（2019-11-14）［2020-02-06］. https：// en. unesco. org/news/world-reference-levels-expert-group-advances-work-recognition-skills.

［125］World Inequality Lab. World Inequality Report 2018［EB/OL］.（2018-07-31）［2020-02-06］. https：//wir2018. wid. world/files/download/wir2018-summary-english. pdf.

［126］WRL. World Reference Levels：Element Outcome Statements-Draft for Piloting ［EB/OL］.（2018-08-15）［2020-02-06］. https：//worldreferencelevels. org/wp-content/uploads/2019/05/WRL-Elements-vE1-180930. pdf.

［127］WRL. World Reference Levels：Stage Outcome Statements——Draft for Piloting

[EB/OL]. (2018-09-16)[2020-02-06]. https://worldreferencelevels. org/wp-content/uploads/2019/05/WRL-Stages-vS1-180930. pdf.

[128] WRL. Guide to the WRL Digital Tool-DRAFT for Pilotingg[EB/OL]. (2019-05-16)[2020-02-06]. https://worldreferencelevels. org/wp-content/uploads/2019/06/WRL-Guide-vG1-analogue-190424-1. docx.

[129] UIL (UNESCO Intstitute for Lifelong Learning). Bhutan[EB/OL]. (2015-09-11)[2020-02-10]. https://uil. unesco. org/fileadmin/keydocuments/LifelongLearning/en/UIL_Global_Inventory_of_NQFs_Bhutan. pdf.

[130] ETF (European Training Foundation). NQF Inventory Egypt[EB/OL]. (2018-10-11)[2020-02-12]. https://connections. etf. europa. eu/wikis/home? lang=en#! /wiki/Wf591e43b607e_4ccf_8d94_a3256a255147/page/Egypt%20-%20NQF%20Inventory.